高校网络思政教育平台的构建及其应用研究

杨伯成　著

中国纺织出版社

图书在版编目（CIP）数据

高校网络思政教育平台的构建及其应用研究 / 杨伯成著. —北京：中国纺织出版社，2019.5

ISBN 978-7-5180-4361-3

Ⅰ.①高… Ⅱ.①杨… Ⅲ.①互联网络—应用—高等学校—思想政治教育—研究—中国 Ⅳ.①G641-39

中国版本图书馆CIP数据核字（2017）第292051号

责任编辑：武洋洋　　　　责任印制：储志伟

中国纺织出版社出版发行

地址：北京市朝阳区百子湾东里 A407 号楼　邮政编码：100124

销售电话：010-67004422　传真：010-87155801

http：//www.c-textilep.com

E-mail：faxing@c-textilep.com

中国纺织出版社天猫旗舰店

官方微博 http：//www.weibo.com/2119887771

三河市宏盛印务有限公司印刷　　各地新华书店经销

2019 年 5 月第 1 版第 1 次印刷

开本：787×1092　1/16　印张：10.25

字数：160 千字　定价：57.00元

前　言

在当今社会思想意识多元化、信息传播媒介和传播方式发生深刻变化的背景下，网络媒体给高校思想政治教育既带来了良好契机，也带来了新的挑战。如何进一步加强高校网络思想政治教育，增强工作的主动性、针对性、实效性，是值得我们思考的一个重要课题。

网络拓宽了思想政治教育获取信息的渠道，给思想政治教育工作者带来新的工作方式，提高了思想政治教育工作的实效性。同时，网络的普及也给高校思想政治工作者带来了挑战，对思想政治教育内容产生冲击，对学生可能产生负面影响。作为学生的直接面对者，思想政治教育工作者存在很多担忧，比如怕学生受到不良信息的影响，做出出格的举动，因此而受到伤害。总结起来，网络使一些事情变得更具突发性和影响性，思想政治教育工作变得更加难以掌控。为了更好地促进网络思想政治教育工作的开展，充分利用网络的积极作用，作者撰写了本书，对相关问题进行了深入的分析，希望能够为身处思政教学一线的工作人员提供新的思路。

本书分九章对高校网络思想政治教育工作进行了分析，第一章为绪论，阐述网络及网络思想政治教育的基本问题；第二章是高校思想政治教育综述，从本质、特征、内容、原则、功能、意义等方面深入分析高校思想政治教育；第三章是高校网络思想政治教育工作的相关内容，包括主客体关系、属性等内容；第四章针对高校网络思政教育运行机制，从工作、管理、保障、评价等方面进行了详细的分析；第五章分析研究高校网络思政教育平台的构建；第六章从方案、技术、系统设计等方面对高校思想政治教育平台进行分析；第七章分析研究高校网络思政教育平台系统的实现、测试验证以及有效引用；第八章从主体网站构建出发，对高校网络思政教育工作的开展进行了分析；第九章研究分析基于视频点播网络系统的高校思政教育。

在撰写过程中，作者力求做到以下两点：

1. 理论性和应用性相结合。本书注重理论知识体系的完整性、逻辑性，并力求将理论与实践相结合，能够指导具体实践。

2. 内容丰富新颖、形式活泼易读。

本书是一项综合性的高校网络思政教育研究成果，写作过程中引用了相关学者的研究成果和学术论著，限于篇幅未能一一列出，在这里对这些专家、学者表示诚挚的歉意。本书凝聚了笔者的心血和精力，但由于水平有限，疏漏之处在所难免，希望广大读者和同行专家批评指正。

作者

2018年10月

目录

第一章　绪论

网络的兴起，改变了人们的生活和学习方式，思想政治教育在网络社会也发生了新的变化。党的十九大以来，党中央高度重视网络阵地建设和网络宣传思想工作，习近平总书记多次强调，要根据形势发展需要把网上舆论工作作为宣传思想工作的重中之重来抓。《关于进一步加强和改进新形势下高校宣传思想工作的意见》强调要充分运用新型传播手段创新高校宣传思想工作，掌握网络舆论主动权，并针对创新网络思想政治教育明确提出要求。在互联网背景下，我们要深刻认识互联网时代思想政治教育发生的变化，科学引导思想政治教育在网络时代的发展。

第一节　网络的发展及网络社会的兴起

一、网络的起源与发展

（一）网络的起源

很多人认为因特网（Internet）是某一完美计划的结果，但事实并不是这样。Internet的创始人也绝不会预测到它目前的规模和影响。在Internet面世之初，没有人能想到它会进入千家万户，更没有人能想到它广泛的商业用途。

（二）网络的发展

现代网络系统的发展已不再简单、单一，而是更为复杂，在全球人类范围内融合了信息采集、信息处理、信息存储、信息传输和信息控制利用等多种先进的信息技术，而且还将继续不断地融入各种信息技术的新发展。网络并非这些信息技术的简单叠加，而是一种通过系统集成和系统融合所形成的、具有新性质和新功能的新系统。20世纪各种先进信息技术的发展集中体现在网络应用功能和系统性能的发展上，并且其进一步发展成为21世纪网络信息技术的龙头和核心。

1. 网络的发展过程

计算机是20世纪人类最伟大的发明之一，它的产生标志着人类开始迈向一个崭新的信息社会。在20世纪50年代，计算机和通信是独立发展的两种技术，但从60年代起，计算机技术与通信技术开始相互渗透，相互融合。计算机系统逐步采用批处理、分时系统，以及各种先进的概念和硬软件技术，从单一功能、单用户的系统逐步发展为多功能、多用户的系统。又由于利用了通信设施，将系统从集中处理型发展为分散处理型，这一举措使得计算机系统的功能范围大大增加。另一方面，通信技术也在迅速地发展，尤其是在70年代，通信设施和通信网络都得到飞速发展。在经济上，它们的发展降低了通信费用；在传输速率和传输质量上也获得了极大的提高。信息传输可以使用地面的光缆、电缆，空中的卫星中继以及无线电信道，最高传输速达到每秒百兆位。同时，各种通信设备广泛采用计算机技术、数字化技术，以及各种先进的通信处理概念和方法，使通信系统更易于为计算机所用，多台计算机构成网络系统成为现实。1969年，美国国防部研究计划局(ARPA)主持研制的ARPANET网络开始投入运行。之后，世界各地网络建设如雨后春笋般发展起来。在进入20世纪90年代以后，微机局域网更是成为办公自动化和各种管理信息系统的必备工作环境。不同国家和地区的网络相互连接，规模逐渐扩大，从而最终形成覆盖全球的国际互联网。

网络分为具有远程通信功能的单机系统、具有远程通信功能的多机系统、具有统一体系结构、国际化标准协议的网络及信息高速公路四个阶段。其经历了由简单到复杂、从低级到高级的过程。

（1）具有远程通信功能的单机系统。在20世纪50年代初期，计算机的体积非常庞大，各方面的性能也不高，并且价格十分昂贵，通常只存在于高等院校和科研单位的计算中心，主要用于科学计算，并且需要专业技术人员在专门环境下操作与管理。当时，人们需要用计算机时，只能亲自携带程序和数据，到机房交给计算机操作员，等待数小时甚至几十个小时，再去机房取回运行结果。如果程序有错，需修改后重复这一过程。这种方法就是我们通常所说的批处理方式。运用批处理方式时，用户需要投入很大的时间和精力。为满足离计算机中心距离较远或异地用户的需要，在经费缺乏又不可能拥有计算机的情况下，人们开始借助已经成熟的通信技术与已有的通信设备和线路，在计算机内部增加具有远程通信功能的部件，使异地用户能在远程终端上联机操作，包括输入数据、命令远程计算机进行处理等，并把处理结果经通信线路送回终端。

之后，分时系统的出现，使得具有通信功能的单机系统也随之产生。单机系统的基本构想是在计算机内增加一个通信装置，使主机具备通信功能，将远端用户的输入输出装置通过通信线路与计算机的通信装置相连。这样，用户就可以将自己的程序和数据键入远程终端，再由主机处理。处理结果通过主机的通信装置，经由通信线路返回用户终端。这种系统称为具有远程通信功能的单机系统，又可称为终端—计算机网络，是早期网络的主要形式。在这种系统中，可以采用多种方式来连接终端设备与计算机。最初采用专线点—点方式，每个终端都独占一条线路，因此线路的利用率不高。随着计算机应用的不断发展，要求与主机系统相连的终端越来越多，这种缺陷也越来越明显，从而促使其发展到利用电话网实现终端与主机系统的连接。

（2）具有远程通信功能的多机系统。具有远程通信功能的单机系统给远程用户节省了很多的时间。从当时的情况来看，这是一大创举，它使计算机系统的工作效率和服务能力得到了大大的提高。但在不久之后又出现了以下两个方面的问题。第一，主机的负担加重。当时计算机的性能还比较低，由于主机所联结远程终端数量的增加，既要进行数据处理，又要承担通信控制任务，主机不堪重负。第二，当时的每个远程终端多用专线与主机相连，数据传输速度不高，线路利用率比较低，特别是在终端速率较低时更是如此。

为了克服第一个缺点，出现了前端处理机 (FEP，Front-End Processor)。在主机前设置一台通信处理机来专门负责与终端的通信工作。其功能还可以增强，可以协助主机对信息进行预处理，让主机的时间全部花在数据处理上，这样就使主机数据处理的效率得到了极大的提高。为了克服第二个缺点，降低通信线路的建设费用，提高线路的利用率，在用户终端较集中的区域设置了线路集中器，大量终端先通过低速线路连到集中器上，集中器按照某种策略分别响应各个终端，并把终端送来的信息按一定格式汇集起来，再通过高速传输线路一起送给前端处理机。在通常情况下，前端处理机和集中器是由小型机或微型机组成的，因此这种联机系统变成了多机互联系统，不再是以往的单纯的单机系统，或者称其为面向终端的计算机通信网。

20 世纪 60 年代初期，多机互联系统得到很大发展，有一些至今仍在发挥作用。在专门的计算机通信网中，美国半自动地面防空系统 SAGE 与美国飞机订票系统 SABRE I 是最为著名的。SAGE 系统首先使用人机交互的显示器，研制出用小型计算机做成的前端处理机，制定了 1 600bps 数据线路的技术规范，并研究了高可靠性的路由选择方法。在商用网络中，美国在 1968 年投入运行的通用电气公司的信息服务网络 (GE Information Services) 比较著名，它是世界上最大的商用数据处理分时网络之一，其各个终端连接到 75 个远程集中器上，这些远程集中器再连接到 16 个中央集中器上。其地理范围从美国本土延伸到加拿大、欧洲、日本和澳大利亚，分布在世界上的 23 个地点。

（3）具有统一体系结构、国际化标准协议的网络。多机系统为计算机应用开拓了新的领域，新的领域又向计算机技术提出新的要求，即计算机系统之间的通信。当时，多机系统主要来自军事、科学研究机构及一些大型企业等机构，它们通常都拥有多台主机，这些主机被分布在不同地区，主机系统之间经常需要交换数据，开展业务联系。更进一步地，一个主机系统的用户希望使用其他主机的硬件、软件及数据资源，或者与别的主机系统的用户共同完成某项任务，即所谓的与别人共享资源。实现资源共享，成为建立网络的主要宗旨。这里所指的网络资源包括硬件资源、软件资源和数据资源，硬件资源包括如计算机、终端设备和存储设备等；软件资源包括各种系统软件、应用软件、标准协议等；数据资源包括各种存储于网络中的数字数据、语音数据、图像数据等。

利用通信线路把多个前端处理机连接起来，与主机一起构成网络。前端处理机负责网络中各主机间的通信控制、数据以及用户的各种服务请求。所谓网络就是指将分布在不同地理位置上、具有独立功能的计算机及其外部设备，通过通信线路和通信设备连接起来，按照某种事先约定的规则 (通信协议) 实现信息交换，以实现资源共享的系统。

随着网络规模的不断扩大，同时为了共享更多的资源，需要将不同的网络连接起来，于是网络的开放性和标准化被提上议事日程。在20世纪70年代后期，国际标准化组织(ISO)开始制定一系列国际标准。1984 年，ISO 正式提出“开放系统互联参考模型”(OSI/RM)的国际标准，从而确立了网络的体系结构。

（4）信息高速公路。自 20 世纪 90 年代以来，随着全球性的经济增长和科学技术的迅速发展，信息已成为一个国家经济和科技发展的重要因素。人类进入了信息社会，信息产业就成为一个国家的主要支柱产业。为此，1993 年美国政府宣布的“国家信息基础设施”建设计划，简称为 NII(National Information Infrastructure) 计划，也被形象地称为“信息高速公路”。其目的是把分散的计算机资源通过高速通信网实现共享，提高国家的综合实力和人民的生活质量。1994 年，为了实现全球范围内的信息共享，加强多方面的国际交流与合作，美国提出建立全球信息基础设施 (Global Information Infrastructure，GII) 倡议。NII 的提出，引起了全球的普遍关注，各国竞相制定自己的“信息高速公路”计划，以适应世界经济和信息产业的飞速发展。1993 年，我国在已有各类信息系统建设的基础上提出了“三金”工程等计划。“三金”工程是指建设国家国有经济信息通信网，简称金桥工程；实施外贸专用网的联网并建立对外贸易业务有效管理的系统，简称金关工程；建设全民信用卡系统或卡基交换系统，简称金卡工程。

2. 网络的发展趋势

近年来，随着信息高速公路计划的提出与实施，任何一台计算机都只有以某种形式联网，进行信息共享和协同工作，才能充分发挥其应有的效能。网络本身的发展也进入了新阶段。当前网络的发展有若干引人注目的方向。

（1）开放性和大容量。系统开放性是任何系统保持旺盛生命力和能够持续发展的重要特性，也是网络系统发展的一个重要方向。基于统一网络通信协议标准的互联网结构，便体现了网络系统的开放性。互联网结构实现不同通信子网互联的结构，可以将各种不同通信技术和通信系统有机地连入到网络大系统中，构成覆盖全球、支持数亿人灵活、方便上网的大通信平台。近年来，各种互联设备和互联技术的蓬勃发展，使网络开放性的发展趋势也彰显了出来。网络的全球开放性不仅体现在要面向数十亿的全球用户，而且也需要更大量的资源，这必将引起网络系统容量需求的极大增长，进而推动网络系统向广域的大容量方向发展。这里的“大容量”，包括网络中大容量的高速信息传输能力、高速信息处理能力、大容量信息存储访问能力，以及大容量信息采集控制的吞吐能力等，网络系统的大容量需求又推动网络通信体系结构、通信系统，以及计算机和互联技术也向高速、宽带、大容量趋向发展。网络宽带、高速和大容量趋向是与网络开放性方向密切联系的，未来的网络将是不断融入各种新技术、资源极大丰富和进一步面向全球开放的广域、宽带、高速网络。

（2）一体化和方便性。“一体化结构”是一种系统优化结构。在网络发展的初期，主要由计算机之间通过通信系统简单互联而实现，网络功能比较简单，联网后的计算机和通信系统的基本结构并未发生变化。随着网络应用范围的不断扩大和对网络系统功能、性能要求的不断提高，网络中的许多成分必须根据系统整体优化的要求重新分工、组合，甚至产生新的成分。另外，网络中通信功能从计算机节点中分离出来，形成各种专用的网络互联通信设备如各种路由器、桥接器、交换机、集线器等，也是网络系统一体化分工协同的体现。国际互联网中骨干网与接入网的分工，ISP、ASP、IPP、ICP 及 IDC 等各种网络服务提供商的出现，体现了互联网更大范围、更高层次的系统分工与协同。基于虚拟技术是系统一体化的另一个路径，通过硬件的重新组织和软件的再包装来构成各种网络虚拟系统，以达到优化系统性能的目的。网络上各种透明节点的分布应用服务，如分布文件系统、分布数据库系统、分布超文本查询系统等，用户看到的是一个虚拟文件系统、虚拟数据库系统和虚拟信息查询系统，对于这些虚拟系统，用户不必关心网络内部结构和操作细节，可以非常方便地使用。网络的各种具体应用系统，如办公自动化系统、银行自动汇兑系统、自动售票系统、指挥自动控制系统、生产过程自动化系统等，实际上也都是更高层次的网络虚拟系统，其适用的用户更广，用户使用起来也更为方便，用户从网络得到的服务更凸显网络内部各种信息技术的综合结果。虚拟技术实际上也是一种系统的“黑盒子”方法。未来的网络，将是网络内部进一步优化分工而外部用户可以更方便、更透明使用的网络。

（3）多媒体网络。高度综合现代一切先进信息技术的网络应用已越来越广泛地深入到社会生活的各个方面。从网络系统中，人们可以得到各种各样的服务，自然希望也能像直接观察客观世界以及直接进行人与人之间交往那样，具有文字、图形、图像和声音等多种信息形式的综合感受。正是由于人类自然信息器官对多媒体信息的自然需求，从而推动了各种信息技术与多媒体技术的结合，尤其是网络综合信息技术与多媒体技术的结合。因此，多媒体技术与网络的结合与融合，是多媒体技术和网络技术发展的必然趋势。目前，手写输入、数字摄像输入、语音声控输入、大容量光盘、IC 卡、扫描仪等各种多媒体采集技术，压缩介质、信道分配、流量控制、时空同步、服务质量控制等多媒体信息传输技术，语音存储、视像存储、面向对象数据库、超媒体查询等多媒体存储技术，MMX 芯片、Mpact 媒体处理器等多媒体处理技术，以及高精度彩显、彩打、虚拟现实 VR、机器人等多媒体利用控制技术的蓬勃发展，为多媒体网络的形成和发展提供了强有力的技术支持。电信网、电视网与计算机网的“三网合一”，也在更高层次上彰显系统一体化和多媒体网络的发展趋势。目前，虽然在技术上和体制上“三网合一”仍然存在一些问题，但其发展的大趋势越来越明朗。光纤到家、家用信息电器、家庭布线网络、VOD 视频点播、IP 电话、网络会议、多媒体网络教学、智能大厦等与此有关的技术和产品正在迅猛发展，未来的网络必定是进一步融合电信、电视等更广泛功能，并且渗入千千万万家庭的多媒体网络。

社会是人们交互作用的产物。随着计算机网络的发展，互联网已形成了一个庞大的公共信息资源库，使得人们的生活都越来越离不开它，同时也使现代社会进入了一个新型社会，即网络社会。

二、网络社会的兴起

（一）新的社会存在方式

网络社会是伴随着互联网的发展和应用而产生的新概念。目前，这一概念在学术界还没有统一的定义。国内外专家学者对其含义的解释大致可概括为如下两种观点：

第一种观点：认为"网络社会是在以计算机和互联网技术为代表的信息技术的推动下产生的新的社会形态，它不是孤立的社会形态，而是传统社会在新时代的进化，既保留传统社会的一部分，又体现出新的特点"。[1]可见，这里所指的是作为社会结构形态的"网络社会"。将其概念类比"社会"这一概念，认为其是一种社会新形态。著名的网络社会学家曼纽尔·卡斯特 (Manuel Castles) 就是这一观点的代表。

曼纽尔·卡斯特认为：互联网的崛起，作为一件具有社会学意义的事件，正在逐步转化为当今人类生活的社会图景。传统的社会概念在以信息技术为中心的网络革命时代受到了严峻的挑战。他在《网络社会的崛起》一书中指出："作为一种历史趋势，信息时代的支配性功能与过程日益以网络组织起来。网络建构了我们社会的新社会形态，而网络化逻辑的扩散实质地改变了生产、经验、权力与文化过程中的操作和结果。虽然社会组织的网络形式已经存在于其他时空中，新信息技术范式却为其渗透扩张遍及整个社会结构提供了物质基础。在网络中现身或缺席，以及每个网络相对于其他网络的动态关系，都是我们社会中支配与变迁的关键根源：因此，我们可以称这个社会为网络社会 (the network society)，其特征在于社会形态胜于社会行动的优越性。"[2]另外，曼纽尔·卡斯特又在《网络社会——跨文化的视角》一书中指出："在新技术范式 (信息主义) 的基础上出现了一种新的社会结构，一种由电子通信技术组成的结构——具有发展动力的社会网络。那么，究竟有什么不同呢？当然，它是技术，但它也是网络社会结构蕴涵在网络化逻辑中的具体的关系组合。"[3]"如果我们转而认为我们的社会是一个网络社会，那么，我们必须将全球的和本地的制度、组织和社会参与者联网的能力置于分析的中心位置。网络的连通性和对网络的访问变得很重要。信息和通信技术的正确组合，人类利用这些技术全部潜能之能力的发展，以及基于网络的组织机构重建变得很重要，从而成为确保生产力、竞争力、创新、创造力以及最终决定权力和权力共享的关键。"[4]"因此，我们必须消除信息社会或者知识社会的概念，取而代之的是网络社会的概念。……信息或知识社会的概念是工业社会的技术外延，通常被西方现代化文化所同化。网络社会概念转而强调组织变革以及全球相互依赖的社会结构

1 张真继，张润彤.网络社会生态学[M].北京：电子工业出版社，2008.

2 [美]曼纽尔·卡斯特.网络社会：跨文化的视角[M].夏筹九，王志弘等译，北京：社会科学文献出版社，2001.

3 [美]曼纽尔·卡斯特.网络社会：跨文化的视角[M].周凯，译.北京：社会科学文献出版社，2009.

4 [美]曼纽尔·卡斯特.网络社会：跨文化的视角[M].周凯，译.北京：社会科学文献出版社，2009.

的出现。”[5]由此可见，以信息时代取代工业社会的一种组织新形式的网络社会是曼纽尔·卡斯特所要传达的核心观点，另外网络社会因各地文化和环境的不同所呈现出的形式也有所不同。

第二种观点：认为“网络社会是一个由计算机、互联网和通信技术以及软件技术为基础平台，将人文思想、社会文化、观念和现实中的人通过某种架构有机地连接起来形成的可以提供给网络使用者进行思想交流、信息沟通的一个虚拟的社会交际空间”。[6]或认为“网络社会是互联网通过虚拟现实技术模拟现实情境所形成的一个沟通信息的空间……是人类生活和工作的‘另类空间’。如今，这个空间也已经成为一个非工具性的互动场所。而且就其所产生的社会关系而言，它也是一种社会形式。从本质上看，网络社会是一种数字化的社会结构、关系和资源整合环境”。[7]由这一观点，我们可从另一方面理解网络社会，其就是指以网络技术架构所形成，界定于“电脑网络空间”（cyberspace）的一种“网络社会”，人们为了区分前者的网络社会（the network society），将这种“网络社会”译为“赛博社会”。而本书所指的网络社会就是这一种，主要是为了方便研究大学生群体的网络行为和特点。

作为人类生活和工作的“另类空间”的网络社会，是指“基于信息网络平台上的人类交往实践活动的共同体”，“是一种世界普遍交往的社会结构，由人们的交往实践主体与主体通过网络这一中介客体构成的一个相互交错或平行的交往大系统，是现代世界交往、互动联系的媒介，是交往实践全球化的共在结构”。[8]网络社会从本质上讲，它在虚拟环境和条件下形成的“经验的东西”必须通过现实社会的验证才能存在，同时它也在不断地重新塑造现实社会的结构、关系以及人类的生存与生活环境，由此得知，网络社会既“依存”于现实社会，同时又是现实社会的“延伸”。

而且，当网络社会的“信息交换”以其他方式和形态进行互动时，人们便又回到了现实社会的互动中。只是存在于现实社会中的网络社会，作为人类的第二生存空间并不是其简单的“翻版”。

首先，网络社会是一种“虚拟实在”的社会存在方式。通常，人们会以“不符合事实的，假设的”的意识来解释“虚拟”，因此很容易将“虚拟社会”解释为人们在网络上所构造的虚幻世界。这一点可以从一些学者的论述中得到验证，如詹姆斯·特拉菲尔 (James Trefil) 在《未来城》一书中就有“不真实的生活社区”和“虚拟城”的说法。[9]而我们认为，网络社会其实仍是一个现实的社会。因为，我们在这里所讲的“虚拟”，就其本身而言，是数字化方式的构成。它是在思维空间中又创造出了数字空间，使人类的思维和生存由三维跨入多维。人类从开始的语言符号文明因“虚拟”这场中介革命，进入了更高级的数字

5　[美]曼纽尔·卡斯特.网络社会：跨文化的视角[M].周凯，译.北京：社会科学文献出版社，2009.

6　张真继，张润彤，等.网络社会生态学[M].北京：电子工业出版社，2008.

7　何明升，白淑英.网络互动——从技术幻境到生活世界[M].北京：中国社会科学出版社，2008.

8　王焕斌.“网络社会”：内涵及其特征探析[J].江西社会科学，2003（2）.

9　[美]詹姆斯·特拉菲尔.未来城[M].赖慈芸，泽.北京：中国社会科学出版社，2000.

文明，即“是数字化世界使人类挣脱了时间、空间的限制和束缚”。

网络空间最基本的特征就是虚拟性，即处在一种虚拟的现实 (又称虚拟实在，virtual reality) 中。这种虚拟的现实是通过计算机、远程通信技术等构成的网络空间来实现的，在这个空间里存在着虚拟的人、虚拟的社会、虚拟的共同体等虚拟的一切。这一虚拟环境借助联机方式对现实环境和现实活动产生着影响。除了与维持个体生命直接相关的活动，如吃饭、排泄、睡觉等在最终实现形式上必须在网络外进行，凡是可能虚拟化的生活，如学习、娱乐、社交、恋爱，几乎都可以在网上获得“现实的”满足。虚拟环境与现实环境一样，同样可以制约和影响人的行为与生活方式。

可见，网络社会是社会的一种现实的存在方式，而不是虚无缥缈的。只是这种客观存在，超越了我们日常思维对它的理解。因为，它把人们从三维空间拉入到了多维空间，人们进入这个空间，不再是依靠双脚，而是依靠双手——通过“点击”手中的鼠标来完成。因此，对于网络社会我们并不能因无法触摸到它而否定它的存在，就如我们无法触摸到空气，但是空气是真实存在的一样。

其次，网络社会是一种非传统的人与人之间普遍交往的社会。尽管“网络社会”与“日常社会”在“人—人”的关系方面没有本质的对立，但是这并不意味着它与“日常社会”就没有任何区别。实际上网络空间既拓展了人类的生存空间，也提供给了人类一个全新的网络空间或赛博空间的交往空间，并同时使我们进入了一个深刻改变人与人、人与社会关系的全新交往时代。

以往人们之间的交往通常都是由双方的血缘、地缘、业缘等生活范围所决定，并且还受双方职业、学校、工作场所或生活场所的物理状况制约。因此，现实生活中人们的交往关系可表述为“社会人—社会人”的关系。但在网络社会则不同。网络社会中人与人之间互动的最大特性是“匿名性”，互动的双方基本上不受社会地位、社会角色等社会性特征以及伴随着这类社会性特征的社会规范和角色期待的制约，人与人的交往以“网缘”来结成不同的社群，即互动的双方都不再有“社会身份感”，只是根据自身的兴趣、偏好和价值取向等交换信息、传导知识、宣泄感情，彼此联系并联结成相对稳定的社会群落。通过网络，人们的交流不再受跨地域沟通“时滞”的影响，使“距离和时间缩小到零”将整个世界真正地联系在一起，形成了一种新型的“电子共同体”。在这里，人们能飞越时间、空间与社会的藩篱，纯粹以“信息之缘”连接人与人的关系。“人—人”的关系可以简单地归结为“情感人—情感人”的关系。

网络社会的这种普遍交往性，将个体的发展从其物理上所属的狭隘地域性、民族性的背景资源中，延伸到了整个人类、整个世界吸取发展的养料中，实现“联合起来的个人对全部生产力总和的占有”。

（二）新的社会化途径

社会化是社会学中的一个专门术语，是指“个体的生物人成长为社会人，并逐步适应社会生活的过程，经由这一过程，社会文化得以积累和延续，社会结构得以维持和发展，人的个性得以形成和完善”。[10] 即某个人通过特定的社会文化环境，成为一个适应一定社会文化并履行一定社会角色行为的社会人的过程，并且在这个特定的社会文化环境中，通过与他人的沟通接触，以及自我的逐渐认识来适时调整自我与他人及社会的关系，使之成为一名合格社会成员的过程。而关于网络社会的社会化是指一个人通过学习网络技术和网络规范在网络空间中能够自由生活的过程。这个过程也就是一个网络社会的“自然人”成长为网络社会的“社会人”的全过程。这个过程不仅对网民来说很重要，同时对网络社会来说也很重要。

现如今人类已进入了一个全新的文化生活空间即网络社会，在这个网络社会中，其社会行动都具有虚拟性、超时空性、交互性等特征，从而生活于其中的网民的社会化与现实生活中的人的社会化具有很大差别，这种新的社会化途径有着自己的一些特点。

1. 社会化情境的虚拟性

在现实社会生活中，人的社会化总是在一定的社会环境如家庭、学校、同龄人等社会各方面因素共同作用下完成。他们社会化的情境是真实的，客观存在着的。人们正是在这样客观的情境中学习生活技能、内化社会规范，从而传递一个社会的文化，完成自己的社会化过程。而网络社会中网民的社会化是在电子网络空间中展开的，它不同于现实的物理空间，而是随着网络技术发展而产生出来的一种新型的人类交流信息、思想、知识和情感的虚拟性生存环境。网民的社会化只是以数字化的形式而在比特的关系结构中进行的。人们在这样一种数字化的网络环境中，其社会化情境都是虚拟的。

2. 社会化客体的自主性

在网络社会中，网民所处的网络空间相对自由，这跟网络的特点有很大的关系。首先，互联网是世界上许多国家的局域网所构成的，它采用离散结构，不设置拥有最高权力的中央控制设备或机构；其次，从信息传播的方式看，网络行动具有“数字化”或“虚拟化”的特点，我们所看到的听到的形象、图像、文字和声音都变成了数字的终端显现，甚至人也是以一个“符号”作为身份在活动，彼此不再熟悉，因而很难对网络公民的行为加以确认监督。网民在这样一个拥有自由时空的网络社会中，要想通过社会化成为 名合格的网民就必须提高其自觉性。这是因为网络社会中社会化主体的监控能力减弱，社会化客体的自主性增强。人们在这个虚拟的空间中，可做的或不可做的都要靠其自觉性，要“自己对自己负责”“自己对自己做主”。

3. 社会化内容的双重性

在网络社会中，网民通过社会化学习，要对网络社会和现实社会生活中的社会规范与价值观念进行了解。因为人们只有了解懂得现实生活中一个民族的社会规范和价值观念，才可能好好地生活在这个民族中。而网络社会的规范和价值观念又是网民在网络社会生存的前提，这就要求网民在习得本民族文化的基础上，学习网络社会的文化。只有这样，网

10 郑杭生.社会学概论（新修）[M].北京：中国人民大学出版社，1994.

民才能在网络社会和现实社会中健康生活，而不会有什么失范行为。由此可见，网民在网络社会有着本民族文化和全球性网络社会文化的双重社会化内容。

（三）网络社会的异象

网络以及相应的网络社会生活的出现，既为人类展现了一种美好的“数字化生存”的前景，同时也导致了各种各样非秩序化的、病态的网络行为和网络社会现象——网络社会异象的出现。随着网络的发展，越来越多的人的生活已离不开网络，所存在的网络异象也在网络变迁的过程中，以越来越多的形式与面相表现出来。最典型的表现就是网络社会中人的主体性的异化以及由此引发的网络行为失范。

1. 网络社会中人的主体性的异化

“主体”(Subject) 是一个哲学范畴。在马克思主义哲学中是指处于一定社会关系中、从事一定实践活动的人，而不是指精神、理性和作为唯一者的“我”。“历史不过是追求着自己目的的人的活动而已。”[11] 人对于社会、历史的创造是一种受动着的能动，正是这种人对于社会历史境遇的能动性，决定了人在社会现实和历史创造中的主体性。人的主体性在主体与客体的各种关系中都必然地以一定方式具体地表现出来并相应地得到实现，在网络社会中也不例外。[12]

网络社会是由人所拓宽了的另一生存空间。作为一种崭新的社会交往形式，网络是人的对象化活动的产物，是人在能动地创造历史的过程中的一种自我物化。网络行为既是一种实践活动，又是一种认识活动，它并没有、也不可能脱离人这个引导社会历史变迁的主体。因此，网络世界中所发生的各种活动的主体都是生活在现实生活中的人。应该承认，网络及网络社会的出现，表明了“人的无机身体”已经扩大到历史上任何时刻都不可比拟的领域之中，表明了人创造了一个能满足他所需要的新空间，使主体意识得以更充分地锻炼，也使人的主体能动性和潜能得到提升。从这一意义上讲，网络社会使人的本性得以体现和提升，即主体性的存在。但也应该看到，网络社会中的人也可能为他们所创造的技术、符号及各种关系所控制、操纵，导致人的主体性发生某种程度的异化与扭曲，即主客体地位的倒置。

网络社会中人的主体性异化，首先体现为网络主体在信息客体面前的失落、在网际交往中主体视他人为客体等，也就是我们通常所说的“网络依赖”“网络沉溺”。沉溺于网络的人会因长期面对一些没经过过滤与选择的思想观点，而又无力对信息的真假进行判别，以至于不知所措。这样一来，个人就淹没于信息当中，沦为“数字化人”，无法主动地识别、选择各种信息，更难以进行自觉的信息加工，个体就只是消极被动地等待客体信息或仅仅直观地反映客体的表象，由此在网络社会的认知关系中部分地丧失了其主体性。其次，在网络空间中，主体自身不仅面对着如泉涌般的信息客体和作为主体的他者，而且还面对着身体与心灵同在的自我。由于真实的现实生活与虚拟化的网络生活世界的共同存在，自我

11　马克思恩格斯全集(第42卷)[M]，北京：人民出版社，1979.

12　王学凤.论网络社会中人的主体性的丧失与提升[J].华南师范大学学报(社会科学版)，2002（5）.

不得不生活在真实和虚拟交织的世界里，这种两重世界的交替生活可能导致网络主体虚拟自我与真实自我之间的错位和分裂。虚拟自我多元、任意的膨胀而导致的虚拟化人格显然不利于现实社会中人格的确定性和稳定性。裂变的人格一旦陷入虚拟的世界中，就会给现实的世界带来威胁。

2. 网络行为失范

网络行为失范，指的是网络行为主体违背一定的社会规范和所应遵循的特定行为准则。在虚拟的电子网络空间里出现行为偏差的情况，以及因为不适当地使用互联网而导致行为偏差的情况，主要表现有以下几种：

（1）网络数字化污染。网络数字化污染主要指制造和传播垃圾信息和各种有害信息。网络中的信息包罗万象，各种各样的信息都相互交织，形成了一个巨大的信息资源库。据统计，网上的无益信息占 50% 以上，其中往往充斥着形形色色的信息垃圾、网络色情、网络暴力以及反动政治言论等。特别是网络色情极易给包括大学生在内的青少年带来不利的影响，引发是非观念模糊、道德意识下降、社会责任感弱化、身心健康受到侵害等一系列问题。另外，网络暴力倾向也有蔓延趋势。在网络传播有效促进社会民主化进程中，网络“草根”力量的兴起和壮大不可忽视。然而，在“草根”力量的急速扩张中也有着一种逐新的冲动和情绪宣泄。在网上，所谓“草根”力量显现更多的是年轻网民尚不成熟的冲动，其突出表现就是网络追杀、“人肉搜索”等，即一些匿名网络用户聚集起来，对一些真实或想象的失德行为进行调查并予以声讨。然而这些道德义愤的背后，已侵害到了有些公民的正当权利。用网络暴力来替代现实的秩序，可以说是一种对法治与文明的颠覆。

（2）花样翻新的网络犯罪。所谓网络犯罪，是指犯罪分子利用网络技术或依靠网络对虚假信息的传播，来获取并占有他人的物质或精神财产等犯罪行为。与发生在人类现实社会世界中的犯罪现象相比，可以说除了杀人、强奸、直接伤害等必须通过人们直接的身体接触才能发生的犯罪现象以外，其他几乎所有的社会犯罪现象在网络上都已经有所体现而且花样翻新，如网络盗窃、网络诈骗、数字故意破坏和网络洗钱等。网络犯罪已成为最严重的网络社会问题。正如尼尔·巴雷特 (Neil Barrett) 所言，“数字化犯罪的发展速度是令人恐惧的”“重大的安全性事故、黑客活动、软件病毒的制作和计算机支持的诈骗等犯罪行为以爆炸般的速度在发展，从早期的计算机入侵的不良行为发展到几乎所有的计算机系统都有可能受到攻击”[13]。

（3）“无所不能”的网络黑客。广义的黑客行为是指一种试图进入未被允许进入的计算机系统的活动。“黑客首先令人想到的是一双伸向电脑或网络的‘黑手’。”“黑客行为方式的隐蔽性和极端性都可以用一个字来概括——黑。”[14] 由于黑客主要是以进入他人计算机的安全系统为目标并对其加以破坏，而网络诈骗是以别人的钱财或实物为目标，因此，从某种程度上来说我们可以将黑客行为理解成与网络诈骗目的不同的网络犯罪行为。如果说

13 [英]尼尔·巴雷特.数字化犯罪[M].郝海洋，译.沈阳：辽宁教育出版社，1998.

14 吴伯凡.孤独的狂欢——数字化时代的交往[M].北京：中国人民大学出版社，1997.

早期的黑客行为勉强可以被人们看作是一种少年计算机天才们不断超越自我的个人行为的话，那么在今天，大多数的黑客行为已经发展到了故意进行数字破坏和敲诈的地步。

（4）无孔不入的网络病毒。计算机病毒是一种隐藏在可执行程序或数据文件中的具有自我复制和传播能力的干扰性电脑程序。其主要以盗版软件和网络进行传播。从网络的角度来看，由于网络上病毒的引入和广泛传播，实际上也就使得它变成了一个世界上最大的计算机病毒仓库。也正因如此，使得计算机病毒传播的范围与速度更加广泛与快捷，因而造成的损伤也越大。作为网络社会中的软件“杀手”，它们对网络社会中的行动秩序和安全性等构成了严重的威胁和危害。2009 年 7 月 16 日，中国互联网络信息中心 (CNNIC) 发布《第 24 次中国互联网络发展状况统计报告》显示，半年内有 1.95 亿网民上网时遇到过病毒和木马的攻击，1.1 亿网民遇到过账号或密码被盗。网络安全隐患已造成了仅有 29.2% 的网民相信网上交易，从而使得电子商务、网络支付等交易类应用的发展受到了制约。[15]

除了上述常见的问题以外，还有如网上无政府主义、网上知识产权保护等问题。与前面描述和认定的几种网络社会问题相比较而言，这些问题虽然其表现形式和所造成的后果还不是那么明显和突出，有的甚至还一时不能为人们在网络上所觉察和警惕，但实际上它们仍然客观存在于网络社会之中，并对网络社会生活以及人们的网络社会行动产生着或大或小、或明或暗、或隐或显的影响。而这些问题随着时间的累积也必将会逐渐显现出来。

网络空间中的这些社会问题，“不仅妨碍了网络社会中大部分或一部分网络行为者的正常的社会生活轨迹和秩序，而且也对整个网络社会生活造成了较大的影响，并且在一定程度上影响了网络社会正向变迁过程的形成”。[16] 由此我们更加明白，关注和研究网络思想政治教育，特别是作为网民队伍主力军的大学生的网络思想政治教育是多么的紧迫与重要。

三、网络对社会的影响

（一）传播方式数字化

随着信息技术的迅速发展，互联网作为一个开发和使用信息资源的全球性网络，对经济、政治、文化、科技、军事等各方面产生了巨大的影响。信息规模的扩大和信息开发水平的提高，使得互联网的影响也变得越来越巨大，影响到个人的生活质量。网络引起了信息传播方式的革命，带来了数字化生存。数字化革命还伴随着虚拟化的产生，使人类的一切都可以虚拟化，如：虚拟企业、虚拟办公室、虚拟图书馆等，这使得人类的经济和社会生活方式发生了深刻的改变。

（二）交往方式超时空

网络带来了交往方式的革命，形成了超时空交往。人际交往是指个体之间、个体与团体以及团体之间的交流作用的动态关系。人是社会性的人，个体的生存和发展离不开与外

15　中国互联网络信息中心(CNNIC).第24次中国互联网络发展状况统计报告(2009年7月)，http://www.Cnnic.net.cn/html/Dir/2009/07/15/5637.htm.

16　刁生富.在虚拟与现实之间——论网络空间社会问题的道德控制[J].自然辩证法通讯，2001（6）.

界的交往和联系。一般而言人们之间之所以相互交往，是由于人们能够取得信息、获得他人的物质与情感支持、与他人形成伙伴关系以及获得群体的归属感。今天信息网络技术的发展和国际互联网的开通，更加剧了人际关系交往中对时空限制的突破。网络技术以其每小时 5 000 英里，环球只需 0.003 秒的速度证明着自身的实力和价值。在网络社会中，人们可以根据自身需要在家中完成办公任务，接受远程教育，与大洋彼岸的朋友在网上畅谈等。网络使交往方式发生了革命。在网络中，人类交往变得具有全球性、普遍性和无限性特征。在网络所提供的“赛博空间”（即电子空间）里，每个人都可以自由地与他人交往。人类交往将走向多元化，不仅是交往的无中心、非单一化，交往方式也将由等级式、单角度向平等性、交互性、非中心化转化。这又将改变传统社会缘于利益驱动而形成的“利益共同体”，催生出基于知识和信息交往的“信息共同体”。

（三）消费方式个性化

网络使人类消费方式也发生了革命，产生了虚拟“交易市场”。人类的消费方式与社会生产方式紧密相连，消费水平的高低既反映着社会生产力的发展水平，又受制于这种生产力的发展水平。当今是知识经济时代，信息网络技术的发展使网上商店、商场、商城大量涌现，人们的网上消费日益成为一种流行与时尚。网上消费是一种信息商品的消费，具有个性化特征，是一种创造型消费。网上消费群体是新一代的知识型消费者，相关资料显示，在新一代消费群体中，60% 的家庭受过高等教育，40% 的家庭拥有电脑。个性化的消费趋势日益凸显。网上消费由电子代理执行，根据消费主体的主观喜好或其价值取向进行选择，这一方面集中突出了消费者的个性，改变了传统购物观念和购物选择，另一方面有力推动了高新销售观念的相应变革和销售渠道功能的多样化，使其改善销售方式，为新一代消费群体提供更好的服务。

（四）休闲方式自主化

网络引起了革命，创造了“网络时空”。休闲是指在人们在可自由支配的时间里休息和娱乐。在社会生活中，个人要注意的就是搞好劳逸结合，在工作、生活、学习中要想保持着长久的劳动力，就要注意休息娱乐。例如：农业社会时人们日复一日地重复着“日出而作、日落而归”的劳作方式，其休闲较单一和枯燥，到了农忙时节，闲暇时间则更少。工业社会中人们的休闲不仅没有被改善，反而更受限制。工人们长时间从事着重复性、单调的劳动，不仅没有闲暇，为了节省时间，连吃饭穿衣也都变得机械化了。然而只有适当的休闲、调节心境、保持健康，人才能延长劳动力的输出时间，并提高劳动效率，这正是工业社会所需要的。现代社会中科技的发展大大提高了劳动生产率，也解放了劳动生产力，为人们提供了更多的休闲时间。人们的工作时间在不断缩短，休闲时间则越来越长，如美国人每月平均享有 12 天假期，西欧人享有的休闲天数则为美国人的 2~3 倍。随着休闲时间的增多，电影、音乐、电视、旅游等传统娱乐也相应获得发展。新兴的网络化娱乐业的迅速崛起更预示着人们休闲方式将发生革命性的变革。人们可以尝试各种各样的网络游戏、网络竞技；甚至还可以来一次虚拟旅游，到夏威夷、威尼斯、罗马乃至全世界进行周游。总之，在网络世界里，时空限制被打破，人们的休闲方式也获得了更多自主性的选择。

（五）组织方式虚拟化

网络推动了社会组织方式的革命，催生了虚拟组织的出现。信息网络技术的发展和普及，对社会生活的各个领域和大学生成长成才产生了广泛而深刻的影响。网络是一个虚拟的载体，可以在瞬间将信息发给用户，方便快捷是其最基本的特性。人具有社会属性，因此常常从属并生活于特定的社会组织之中，如果其生存的社会组织不同，那么生活方式也不相同，且在特定组织中生活的成员还不可避免地会受到该组织特有的文化方式的影响，进而形成相应的价值取向。从历史上几次大的社会组织方式变革来看，农业社会里存在的是一种家长制的社会组织方式，到了工业社会封建家长制被打破，社会组织渗透着平等、民主和公正思想。网络的发展使得大量的虚拟组织出现，使传统社会组织方式发生了深刻的变革，组织结构呈现出网络化特征。可以说，整个社会组织处于一种独立、开放、主动而又多变、纵横交错、复杂的网络系统。网络还使社会组织之间的联系更广泛，任何一个虚拟组织既保有自身的特色，又与其他组织存在广泛的联系，这就可以充分吸取其他组织的新思想、文化和经验。网络化的社会组织还使传统的金字塔式等级结构失去效力，呈现出扁平化的发展趋势。个人在网络中的行为表现也是虚拟的，它只能通过技术使人产生身临其境的感觉，而且人们往往按照自己的喜好来设计自己在网络中的形象、语言，其网络身份通常是不真实的。

（六）教育方式远程化

网络多媒体在对人类感性认识产生巨大影响的同时，逐渐改变着人们接受教育的形式，如远程教育模式、自我教育模式正在形成，而以自我教育、交互教育为特征的网络教育正是随着信息技术、网络技术的发展成为一种潮流。网络与教育的结合，使网络教育具有了区别于传统教育的明显优势。网络使教育资源也获得了最充分的共享和更有效的利用。网络教育的实时、非实时交流，学生的自主化、个性化学习及协作学习，教学空间的无限扩展，教育对象的空前膨胀等，都极大地满足了人们的求知欲望。这主要可以从四个方面来看：一是从教育层次出发，网络教育将形成网络高等教育、网络成人教育、网络基础教育、终身教育等多门类、多层次的教育形式；二是从教育模式上考察，将更新教学内容、方法、教育观念，形成崭新的学生与教师关系，使教师的职责转向重在培养学生掌握信息处理工具的方法和分析问题、解决问题的能力上来；三是从学习的资源上看，网络将以网上图书馆、网上报刊、网上书店等形式，源源不断地向学习者提供学习信息；四是从教育研究领域上看，因网络教育而产生的种种伦理、文化、观念、技术、心理和生理等方面的问题将是今后研究的新课题。

第二节 思想政治教育的网络社会观

1994 年，我国正式成为接入国际互联网的国家，从此开启了网络时代思想政治教育发展的新历程。多年来，这种思想政治教育工作实践的发展大体经过了三个阶段：以遭遇和应对网络负面信息冲击为特征的被动适应阶段；以各类“红色网站”建设和网络技术应用为特征的主动应战阶段；以综合性网络社区建设和发展为特征的自觉深入阶段。从宏观角度观察，网络使用者最主要的群体就是青年群体，并且网络思想政治的教育也以他们为主，而各高等学校不仅是信息网络技术创新与应用的前沿领域，同时也是实践网络思想政治教育最重要的领域。

在当前形势下，网络思想政治教育实践进入了一个相对成熟的发展期，特别是在高校中，已经基本形成了网络思想政治教育的整体格局。伴随着教育实践的发展，网络思想政治教育的理论研究也在不断深入，经历了从工作研究发展到理论研究、从单学科领域的研究发展到多学科综合研究、从局部研究发展到系统研究的过程。伴随着教育实践和理论研究工作的深入，思想政治教育工作者认识到，思想政治教育的现实背景也在互联网对社会各领域的渗透下发生了改变，网络从最初仅仅作为一种信息传递的工具和手段，逐渐发展成为一种新的交往方式，以至于影响到整个社会形态。它正在改变着人们的生存方式、交往关系，重构着社会生活的话语体系、组织模式，生发出新的道德伦理和价值观念。与此同时，网络思想政治教育通过二十几年的发展也已走出了“技术—内容螺旋”的发展阶段。无论是强调思想政治教育内容的门户网站建设，还是注重人际互动与沟通的网络新技术应用，网络思想政治教育都立足于正在兴起的网络社会，尽管这个动态发展的阶段还要经历一个很长的时期。因此，对于思想政治教育的基础理论、管理理论和方法理论都需要从很多方面进行反思，如逻辑起点、基本范畴、内容体系等，不断地调整、充实、创新和完善以同步于网络思想政治教育实践的发展。从这个意义上来讲，仅仅从方法论的意义上来看待网络思想政治教育是不够的，而应当以网络社会的视角为出发点，视之为当前社会条件下思想政治教育新的发展形态。这就是思想政治教育的网络社会观。十余年来，思想政治教育领域关于网络的认识和理念的发展大体经过了“网络危害论”时期、“网络工具论”时期和“网络社会观”的形成三个时期。

一、网络“危害论”阶段

在 1994 年至 1998 年期间，网络思想政治教育在教育工作实践上处于初步探索时期，对网络的认识上处于“网络危害论”阶段。其主要特点是：信息网络硬件建设得到快速发展，教育软环境尚未形成；青年大学生在互联网使用上走在社会前列，受到来自网络负面影响和多元信息内容的强烈冲击；网络思想教育实践在被动局面下初步展开，其主要工作对策为“防、堵、管”；在研究内容上，网络思想教育的重点在于应对措施方面，总体上尚处在工作研究阶段。

1994 年我国正式成为连接国际互联网的国家，此事被我国新闻界评为 1994 年中国十大科技新闻之一，被国家统计公报列为中国 1994 年重大科技成就之一。至此，社会开始对互联网引起广泛关注。随着 1994 年 10 月中国教育和科研计算机网 (CERNET) 建设全面启动，我国开始进入到互联网的建设和发展时期。从 1994 年到 1998 年，我国互联网建设得到了快速发展，在高校中初步建设和应用了校园网，在互联网的使用上，大学生走在了社会的前列。

1996 年 4 月，我国高校发生的首例电子邮件案引人注目。某高校大学生在未经允许的情况下进入她的一名同学的电子信箱，以该同学的名义拒绝了来自国外某大学的录取通知，致使该同学失去了录取资格。1998 年 7 月，某高校一名硕士研究生通过网络攻击上海某信息网，给该信息网造成了重大经济损失，这是我国第一例电脑黑客事件。另外，一些大学生沉迷于网络游戏，从而造成了身心健康的损害，某高校一名学生创下两天两夜不吃不睡打网络游戏的纪录，造成身体健康和学习方面的极大损害。网络给大学生提供丰富信息资源的同时，西方的一些敌对势力利用其先进的信息技术优势构建意识形态霸权，这对大学生培养正确的思想理念造成了极大的冲击。国际互联网信息中，大部分信息的来源都是以美国为首的西方国家，这种网络信息传播的不平等现象给社会主义意识形态带来了严重冲击。

由于互联网所带来的是一个新环境，产生的是新问题，使得高校思想政治教育一时处在被动局面，主要表现在以下几个方面：

（1）部分高校思想政治教育工作者的信息素质不足，对网络知识和技术了解有限，上网经验少，对学生网络行为和思想心理特点缺乏认识。

（2）传统的思想政治教育途径和方法不适应网络环境。网络信息传播使得学校思想教育工作的信息权威地位和对信息传播的有效控制变得困难起来，面对大学生注意力向网络的转移，学校正面的宣传教育缺乏具有吸引力和影响力的网络载体。

（3）大学生面对空前自由的网络空间，受到多元文化的强烈冲击，思想意识、道德心理和行为方式等不确定性增大。

（4）大学生走在使用网络的前列，其网络行为和思想心理发展具有多样性、隐蔽性，通常是出了问题后学校才能知道，思想政治教育工作队伍成了“救火队”，跟在问题的后面走。

（5）学校网络管理制度规定少，网络应用尚缺乏足够的制度规范。当时，1996 年国务院颁布的《中华人民共和国计算机信息网络国际联网管理暂行规定》是最主要的一个互联网管理法规。这种局面引起了高校思想政治教育工作者的高度关注。由于基于网络的思想政治教育研究和工作实践刚刚起步，虽然高校校园网络的硬件设施建设发展较快，但是，在教育软环境开发和建设上的发展还不够，缺乏有效的网络思想政治教育途径，其突出表现在高校思想政治教育工作在面对互联网带来的负面影响时，主要以“防、堵、管”为防御策略。这一时期，一些高校根据当时的工作条件，针对互联网上危害性较大的网络信息传播现象以及网络言论和行为，只是采取了关闭一些网络站点、对校园网信息进行过滤管理、及时清除一些网络言论的对策措施。与此同时，一些高校也开始利用大学生在网络使用方面的主动性和创造性，发动辅导员、学生党员和学生干部为主体的基层思想政治工作队伍积极参与到大学生的网络实践中去，通过主动引导和自我管理两方面探索网络思想政治教育的方法，不断积累经验。在网站建设过程中，思想政治教育工作队伍积极参与，主动应对，从网络的特点和大学生心理规律出发，重点做了四件事：一是提供硬件设施，掌握网络技术基础。二是制定管理条例，成立网管小组。三是支持多样化网络服务，占领网络空间。四是营造正面舆论，坚守网络阵地。

通过以上措施，学生工作队伍既赢得了同学们的信任支持，同时也掌握了在网上开展工作的主动，当局域网上发生争论时，辅导员能以平等一员的身份提出自己的观点，在一些冲突事件中引导舆论方向，起到了很好的作用。

实践所提出的问题引发了相应的理论探讨，我国最早使用国际互联网的一批科学技术工作者、学术研究人员和高校教师根据自身的网络实践以及对国外网络应用情况的了解，对网络对社会和青年的影响较早地进行了关注，并对此提出了一些具有前瞻性的建议，为网络思想政治教育带来了诸多启示。1994 年就有学者撰文介绍了国外互联网在科学研究方面所引起的变革。[17] 还有一些学者对国外网络伦理问题进行了研究，前瞻性地提出了在我国网络发展趋势下社会伦理道德建设的建议，提出要树立正确合理的网络道德建设思想，国家有责任和有义务审查、控制网络信息的内容，有权检查入网者的网络行为；要建立网络行为道德标准和法律观念，规范人们的网络行为；建立网络行为监督机制；组建网络管理组织，提高网络执法队伍的管理、执法水平。[18] 针对网络对我国社会意识形态和精神文明建设的影响，也有学者进行了分析，并提出对策建议，提出必须重视信息网络技术发展对我国精神文明建设的作用和影响，例如，文化污染问题、不法分子和敌对分子利用网络破坏我国社会政治稳定的问题、计算机犯罪、西方国家的文化强势冲击、人际冷漠道德弱化等问题，并提出了加强国际互联网管理、严格信息发布管理体制、加强计算机信息技术法制法规建设、利用网络媒体进行精神文明宣传等对策建议。[19, 20, 21] 这些早期的研究，虽然数量不多，但给高校思想政治教育工作提供了启示。基于对高校信息网络发展以及大学生网络行为和思想观念变化的思考，在 1997 年前后，开始出现了高校思想政治教育工作

17 贾鳗，武夷山.依靠网络进行科学研究[J].国外科技动态，1994（9）.

18 严耕.道德建设的全新领域——网络道德建设初探[J].马克思主义与现实，1997（6）.

19 陆俊，严耕.国外网络理论问题研究综述[J].国外社会科学，1997（2）.

20 严耕.道德建设的全新领域——网络道德建设初探[J].马克思主义与现实，1997（6）.

21 周曦明.论信息网络技术发展对我国精神文明建设的作用与影响[J].社会科学，1997（7）.

者关于网络思想政治教育的论述。这一时期对于网络的发展及其影响的认识尚处在探索阶段，理论讨论的焦点主要集中在互联网所带来的负面影响方面，对网络对大学生政治观念、道德和心理方面的危害性引起了极大的关注。如一些高校思想政治工作者及时关注“信息高速公路”对高校德育的挑战，提出必须重视网络上的安全和犯罪问题、西方意识形态和文化渗透、信息污染、心理和社会化等问题。[22]一些论者对大学生的道德状况的变化进行了分析，认为网络给青年学生带来道德相对主义、自由主义、人际情感疏远、道德规范弱化、道德失范行为和犯罪行为等。[23]在分析互联网所带来的危害的基础上，研究者们提出了一些防御性的应对策略：一是防，国家要建立健全法律和规范作用，监控网络信息和行为；学校要加强对大学生网络行为的管理，防止网络危害；二是堵，即堵住有害信息的传播，学校要审查、控制网络信息的内容，运用技术手段阻止不良信息进入校园；三是管，加强大学生的思想教育和行为管理，开展正面的宣传教育。[24, 25]

二、“网络工具论”时期

在1999年至2000年期间，在实践上，网络思想政治教育由被动变为主动，积极运用网络开展思想政治教育工作。1999年中共中央下发《中共中央关于加强和改进思想政治工作的若干意见》，2000年国家教育部下发《教育部关于加强高等学校思想政治教育进网络工作的若干意见》，对高校校园网络的思想政治教育工作应用起了极大的推动作用。在这一时期，高校信息网络硬件建设不断成熟和完善。以校园E-mail系统、BBS、WWW网站为主要形式的校园网络媒介发展较快，各类红色网站成为大学生思想政治教育工作的重要载体；主动走上网络，建设思想政治教育网站成为网络思想政治教育工作实践的主要内容。与此同时，在前一时期的经验研究和对策研究的基础上，深入的理论研究在一些局部领域首先得到展开，主要集中在网络作为思想政治教育工具和手段的研究方面。

1999~2000年，我国互联网建设快速发展，随着中国教育和科研计算机网（CERNET）的高速主干网建设的顺利完成，到2000年底，CERNET连接了800多个教育科研机构，覆盖了全国150个城市，用户超过500万人。[26]在此基础上，高校信息网络建设快速发展，一些高校实施完成了包括教学楼、办公楼、图书馆、实验室、教职工宿舍和学生宿舍在内的校园网建设。例如，清华大学从1998年底开始规划和试点学生宿舍楼接入互联网的工作，到2000年学生宿舍全部接入了互联网；北京大学的研究生宿舍和本科生宿舍也分别在1999年和2000年先后接入互联网。校园网络建设的发展为思想政治教育工作提供了条件，高校思想政治工作队伍开始主动走上网络，开辟网上思想政治教育的新阵地。1998年年底，清华大学汽车工程系汽71班党课学习小组，为解决同学理论学习时间冲突的问题，

22　冯沈萍.信息高速公路给高校德育带来新课题[J].高校理论战线，1997（5）.

23　张文杰.高校网络建设对大学生道德状况的影响[J].高校理论战线，1998（11）.

24　李庆广.重视网络伦理道德教育[J].思想教育研究，1998（3）.

25　王长友.发展信息高速公路中思想政治工作的任务及对策[J].思想教育研究，1997（3）.

26　中国教育和科研计算机网主页：《中国教育和科研计算机网大事记(2000～2001)》.

在一台宿舍楼联网计算机上推出了班级的共产主义理论学习主页，起名为“红色网站”。随后，在学校的大力支持下，“红色网站”很快拓展成为全系、全校学生党课学习和理论交流的重要园地，成为利用网络开展思想政治教育的新生事物。“红色网站”的建立被认为是全国高校思想政治工作进网络的第一步，对于加强和改进大学生思想政治教育具有重要意义。胡锦涛同志在2000年针对“红色网站”做出了重要批示：“要关注大学生中的新鲜事物，鼓励和支持年轻同志的创新和上进精神。”[27]在2000年前后，在许多高校的校园网上，先后建立了一批开展网络思想政治教育工作的红色网站。如北京大学“红旗在线”、北京师范大学“学生党建之窗”、南京大学“网上青年共产主义学校”、南开大学“觉悟网站”、华中科技大学“党校在线”等，这些红色网站作为高校传播马克思主义的网络阵地，成为高校思想政治教育工作的重要载体。

在各类红色网站在校园网上不断发展壮大的同时，校园BBS也逐渐成为信息交流的重要网络媒介。清华大学“水木清华”BBS成为教育网上具有较大影响力的信息媒体，北京大学“未名”、南京大学“小百合”、复旦大学“日月光华”等BBS网站相继建立。通过BBS，大学生可以获取校园内外的各种新闻；参加各类讨论区的专题讨论，交流思想、分享信息；进行日常联系和休闲娱乐活动等。BBS论坛作为大学校园中的网上舆论空间，给大学生提供了了解和关注社会热点，发表意见、相互讨论的公共平台。在这一时期，由一些社会突发事件所引发的BBS舆论开始显现出不可低估的校园影响力。具体表现为，在一些突发事件过程中，各种消息通过校园BBS迅速在学生中快速传播，造成学生群体的情绪波动，大量意见相互激荡和融合并最终形成校园网络舆论。在这些网络舆论缺乏理性引导的情况下，往往会对大学生思想和心理状态的稳定造成严重的影响，甚至导致游行、集会等群体性事件。针对这种情况，许多高校在BBS上开设了校长信箱以及各个教学、管理和服务部门信息发布的版面，教师、辅导员利用BBS与学生开展思想工作，学校甚至主动建设校园BBS，使之成为师生交流与沟通的重要途径。

总的来看，在这一时期，随着网络媒介在大学生中吸引力和影响力的逐渐增强，网络在大学生思想政治教育工作中的手段和工具作用逐步被认识，全国各个高校的校园网络建设得到快速发展，高校思想政治教育工作者主动走上网络，建设宣传教育网站，利用E-mail、BBS网络技术开展思想教育活动，高校红色网站成为网络思想教育的重要阵地。而以“水木清华”“一塌糊涂”“小百合”等为代表的BBS站点在若干起产生较大社会影响的学生群体事件中表现出的特殊作用，吸引了社会的广泛关注和思想政治教育工作者的高度重视。一些高校在党委领导下，成立了由网络建设部门、宣传教育部门、学生工作部门及有关技术部门组成的领导机构，加强对思想政治工作进网络的领导；建立相应的管理机制，投入了专门的工作队伍和经费设备；开设网上党校、网上团校，建立理论学习、时事政策、“两课”辅导和答疑、心理咨询、学生生活服务等网站，完善了网络管理措施和队伍培训等建设工作。主动构建网络阵地成为这一阶段网络思想政治教育实践发展的主要

27　杨振斌，黄开胜.红色网站的发展和启示[J].高校理论战线，2000（10）.

特点。

在高校思想政治教育工作中，网络的作用日益突出，推动网络思想政治教育的研究进入到一个新阶段。研究者对网络给思想政治教育所带来的机遇和条件更加关注，理论研究的主要内容有：一是在理论认识上不仅仅局限于对网络负面影响的分析，更强调了大学生思想政治教育进网络的必要性，突出了网络给思想政治教育带来的机遇。[28, 29, 30, 31, 32] 二是提出了建设思想政治教育网络阵地的原则和特点。例如完整性原则、积极性原则、主动性原则、参与性原则等；[33] 或从分析思想政治教育网站的现状与不足入手，提出思想政治教育网络阵地加强吸引力的建设要求，例如增强内容的理论性、现实性、客观性、实效性、归属性等。[34] 三是探讨了思想政治教育进网络的方法和形式，例如认为德育网络主页在内容上要主题突出、庄重严肃，又要生动活泼、丰富多彩，做到动起来、活起来、实起来，在形式上合理布局、精心设计各个板块等。[35] 清华大学根据“红色网站”的发展历程，对高校建设宣传教育网站的思路进行了阐述：重视广大学生学习理论知识和追求共产主义理想的广泛积极性；充分调动大学生的积极性、创造性；利用网络资源增进思想交流和交锋；利用网络开展思想政治工作，培养一支思想素质和技术水平过硬的队伍。[36] 概括而言，在这一时期，高校如何建设思想政治教育网络阵地，思想政治教育如何利用网络增强教育实效性成为研究热点并取得了一些成果。

三、“网络社会观”的形成

2001 年以来是思想政治教育的网络社会观形成和发展时期，教育工作者对网络的认识从仅仅作为技术工具发展到网络社会的整体观念。在这一时期，高校校园网络建设与应用日趋成熟和完善，大学生不但在信息获取上逐渐对网络形成一定的依赖性，而且在社会交往上逐渐形成多样化的网络社群，较为稳定的社会关系和结构在网络空间出现并与现实社会产生互动。与此同时，思想政治教育实践立足于校园网络社区的建设，网上思想政治教育逐渐与网下思想政治教育相互结合，形成网上网下互动的全方位的教育格局；网络思想教育研究进入到一个相对成熟的发展期，网络社会的概念在相关研究中大量出现，以网络社会为背景的网络思想政治教育理论体系的建构成为研究发展趋势。

28　徐飞.网络化——思想教育工作发展的趋势[J].思想教育研究，1999（6）.

29　陈毓.网络抢滩——建立社会主义思想阵地[J].理论前沿，2000（12）.

30　盛湘鄂，陈维亚.网络发展所带来的道德问题与高校德育[J].武汉交通科技大学学报(社会科学版)，1999（4）.

31　徐威.网络与思想政治工作[J].思想教育研究，2000（3）.

32　黄立群.重视发挥互联网在思想政治工作中的作用[J].党建研究，2000（9）.

33　吴永红，胡钰.信息时代高校德育面临的挑战与对策[J].思想教育研究，1998（6）.

34　胡钰.网络时代的思想政治工作新方法研究[J].清华大学学报(哲学社会科学版)，2001（1）.

35　胡成广.论德育主页的制作和德育网站首页的建立[J].思想理论教育导刊，2000（12）.

36　杨振斌，黄开胜.红色网站的发展和启示[J].高校理论战线，2000（10）.

（一）青年学生网上虚拟社群的形成和影响

2000 年 5 月下旬，“一塌糊涂” BBS(ythtBBS) 上传出北京大学一名大一女生在返回昌平校区途中遇害的消息，由此引发了历时 4 天的北大校园风波。在“一塌糊涂”“水木清华” BBS 上的消息传播和鼓动宣传作用下，23 日晚 8 时，一些学生在北京大学大讲堂前进行了悼念活动，晚 12 时悼念学生约 300 多人举行校内游行，并在学校办公楼前与学校有关领导对话，聚集活动一直持续到第二天凌晨 4 点半。24 日北京大学校长在办公楼前与学生对话，随后又发表了广播讲话，讲话内容在 BBS 上广泛传播，学生们的情绪逐渐降温，后续的纪念活动到 25 日逐渐平息下来。此次事件是中国高校最早发生的由于网络的舆论动员和组织串联作用而引发的校园聚集事件之一。由此，社会各方面对校园 BBS 社区进行了更多的关注，研究者对网络空间中的群体关系和组织力量及其对现实社会的影响引起了注意，他们围绕这一事件进行了深入分析。

2001 年 6 月，北京市委教育工作委员会对北京 15 所高校开展了互联网对高校师生的影响研究，结果显示：网络已经影响并正在进一步改变着高校师生尤其是学生的群体存在方式。研究报告提出：网络作为人与人的沟通方式，其发展必然带来人与人之间关系的变化，进而带来群体存在方式上的变化。网络的应用正在从多方面改变着各类学生群体的生存方式，如形成方式、组织形式和活动方式等方面。在互联网上，一些学生通过网络相互认识，并因为共同的兴趣爱好，在网上形成一个具有一定稳定性的群体，并且在现实世界中开展相应活动。这种情况往往出现在各个高校的 BBS 上，以某一个版块作为网上的基本组织形式。这些组织一般都有比较明确的宗旨、比较健全的组织机构、比较稳定的骨干队伍，以及网上网下相结合、比较规范的活动形式。根据当时的调查，几所知名高校 BBS 站形成的这类组织都在 10 个以上。由于这类组织往往从网上发起的，进而从网上发展到网下，它们的成立并没有经过高校一般学生社团管理的程序，不在学校的了解和管理之中，于是成为学生中隐性组织的一个重要来源。这类组织往往是跨校、跨年龄段的，其成员主要是在校学生，还有一部分成员是刚刚毕业不久，心态上仍然保留着学生特点的社会人员。也有部分网上群体向网下群体延伸，又慢慢从隐性组织发展成为拥有合法手续的正规组织。

上述研究还发现，网上也存在一类基本以网上活动为主的虚拟群体。在商业网站上往往有一些设施比较齐备、与现实生活相比仿真度很高的虚拟社区，吸引了许多学生进入到其中参与活动。由于这类社区在现实社会中很少开展活动，一些参与的学生有一种逃避现实，或者是寻找一种现实社会中不能获得的东西的心理，往往以虚假的身份参加活动。某高校学生 FLIN(网名) 就是这样一个例子。他并不出众的仪表、提起来就有些羞涩的学习成绩以及拮据的经济条件，使你很难将他与网易、263 等热点社区中叱咤风云、风光无限的版主联系在一起。据 FLIN 介绍，他最多的时候同时担任过 6 个站点的版主，结识了大量的网友，并曾成为网易某社区的“家长”而与其他大学生网友一起享受虚拟家庭的脉脉温情，但是他们之间从来不提见面、聚会的事情，而只是热衷于虚拟世界的精彩，因为有很多很精彩的故事离开了网络就会“见光死”。[37]

（二）高校思想政治教育进入网络社区

在自发的网络交往不断促动网上虚拟社区的发展的同时，网络思想政治教育实践也走进了一个新的阶段，新型的网上教育社区建设以及网上思想政治教育和网下教育的互动成为主要工作趋势。以下所阐述的是这一时期网络思想政治教育工作的典型案例。

2001年2月，清华大学“学生清华”网站建立，它以“建设网络时代的校内学生门户网站”为建设目标，以“校园新闻传播的新媒介、学生集体建设的新途径、学校信息发布的新窗口、教学管理与服务的新平台”作为建设理念，强调网上和网下的教育紧密结合。“学生清华”网站在正式开通后的5个月内访问量达到了85万人次，最高日访问量达12 000人次，迅速成为校园网上的强势媒体。[38] 以学生网络集体为基本单位的“电子校园”是“学生清华”网站的一个重要特色，在这里，网络是一种新颖而便捷的信息工具和沟通方式，它真切地改变了清华学生的集体生活。现实世界的校园通过“电子校园”形成了它的网络映射，看似无形的网络却给了学生集体一个实实在在的家。这个家传递着校园的情感，记录着校园的故事，伴随着校园的成长。与BBS相比，它更有归属感而显得真实，比校友录更贴近生活而显得亲切，它由于更多同学的参与而形成了自己特有的电子校园文化。

天津大学的“天外天”学生网站经过不断建设升级而形成综合性的教育网络体系。在正式开通一年多之后，首页总访问量达到800万人次，日访问量近20万人次，时刻在线人数达1 000人，在全国高校学生网站中名列前茅。在“天外天”内部，既有旗帜鲜明的红色网站，如党委宣传部建设的“佳友”网站、学生邓小平理论研究会创办的“求实”网站，学生党建专题网站“思考网”，以及“国防教育网”等，又有心理咨询、健康关爱等身心保健网站、就业指导网站以及大批兴趣网站；既有学院特色主页、学生社团主页，也有班级主页和学生个人主页，涉及学生学习、生活的方方面面，形成了全方位、多层次、综合性的网络结构体系。[39]2001年5月，天津大学推出网上政治理论答题考试，作为长期坚持的教育方式，形成了政治理论教育和形势政策教育的网络课堂。

上海交通大学在思想政治教育工作中注重发挥教师在网络空间中的主动教育和引导作用，使教师不仅仅成为现实社会中的楷模榜样，更是网络社区中的良师益友。施索华老师是上海交通大学人文学院教师，从事“思想道德修养”和“东西方文化概论”课程的教学与研究工作。在教学过程中，施老师形成了自己独特的教学方法，她积极进行教学改革，采用生动、创新的教学内容，灵活多样的教学方法，对学生动之以情、晓之以理，使学生心领而神会，她的课受到了学生的普遍欢迎和认可。施老师认为，“对大学生进行思想道

37　中共北京市委教育工作委员会.互联网对高校师生的影响及对策研究[M].北京：首都师范大学出版社，2002.

38　洪波，侯钟雷.向网上新阵地进军[M].中共北京市委教育工作委员会编.互联网对高校师生的影响及对策研究[M].北京：首都师范大学出版社，2001.

39　谢海光.互联网与思想政治工作案例[M].上海：复旦大学出版社，2002.

德教育不能仅仅局限于三尺讲台”，“课堂的教学能影响上课的学生，但希望课外的学生更能参与到我的教学中来”。施老师通过电子邮件、个人网页、校园网络在线谈、BBS讨论等多种方式和学生进行交流，帮助学生解决学习和生活中遇到的种种问题，引导学生树立正确的人生观和价值观。她通过自己的努力，以一个普通的德育教师的身份，扎扎实实地将思想道德教育通过网络拓展到了课堂之外，落到了实处。

从全国高校的整体情况来看，随着各高校校园网络社区的建设与发展，以及网上与网下相结合的思想政治教育工作的深入发展，网络思想政治教育开始进入到一个新的阶段。在这一阶段，高校校园网建设与应用朝着综合性方向发展，形成了比较成熟的校园网络信息服务体系。主要表现在，一是网络在高校管理、教学与科研活动中广泛应用，学校办公系统、教务管理系统、网络教学平台、科研信息资源网络平台和管理信息平台等各个方面广泛使用校园网络信息系统；二是网络实现了综合服务功能，新闻信息、后勤服务、就业服务、心理咨询等各项服务通过校园网络进行；三是网络普遍进入学生宿舍，为大学生的课外生活创造出一个新空间，从课外学习、生活服务、人际交往以及休闲娱乐等各个方面拓展了大学生的活动领域，并且成为大学生社会信息获取的重要途径。针对网络发展与应用的新形势，许多高校开始大力建设综合性的校园信息门户网站，[40]通过综合性的网络信息服务满足广大学生的上网需求，以此把大学生们吸引和凝聚在校园网络空间。2002年6月，教育部在天津南开大学召开高等学校思想政治教育进网络工作研讨会，对利用信息网络技术开展思想政治教育进行了交流和总结，推动高校思想政治教育工作改进和创新的经验，在坚持教育、管理、服务相结合，网上工作与网下工作相结合，全面提高思想政治教育综合效应等方面，进一步推动了全国各高校的网络思想政治教育工作。

随着网络思想教育实践发展的深入，理论研究也进入一个比较全面和深入的时期，出现了大量立足于整个网络环境的思想政治教育的研究，“网络社会”逐渐成为思想政治教育研究的关键词，以网络社会为背景的网络思想政治教育理论体系的建构成为研究的发展趋势。

比较集中的研究有以下方面：

是网络社会环境下思想政治教育的理论创新研究。随着网络给教育环境带来全面的变化，许多研究者开始以整个网络社会环境为背景探讨思想政治教育的创新。杨立英提出了网络社会条件下思想政治教育创新的必然性，并阐述了从理论、观念、内容、方式、体制、队伍进行思想政治教育创新的具体内容。[41]章上泉在对上海一些高校网络德育实践研究的基础上，提出网络时代高校德育创新的四个方面：德育方式创新、内容创新、主客体创新、管理创新。[42]陈勇等提出了确立社会价值与个人价值有机统一的新价值观、灌输社会规范与培养个人能力有机结合的新任务观、交往教育的新过程观、实在主体性和虚拟主

40 门户网站就是有明确目标群体的综合信息服务网站，一般具有网络信息分类导航功能。

41 杨立英.网络社会思想政治教育创新[J].发展论坛，2002（10）.

42 章上泉.网络时代的高校德育创新[J].上海交通大学学报(社科版)，2001（2）.

体性辩证统一的新主体观等。[43] 奚建华则在内容创新中着重提出了理论教育要针对实际问题的观点，并分析了网络思想政治教育评价体系的创新。[44]

二是网络文化建设与高校网络思想政治教育的关系研究。在高校网络环境不断成熟发展的趋势下，仅仅依靠对德育网站本身的研究难以将网络思想政治教育发展的需要充分反映出来，一些研究者试图从网络文化建设的视角来深入对高校网络思想政治教育的探讨。张革华[45] 把网络文化定义为以网络技术广泛应用为主要标志的信息文化，并把网络文化分为物质文化、精神文化、制度文化三个层次，这种划分对于校园网络文化研究具有一定的借鉴意义。林莉[46]、张卫平[47]、姜继红[48] 等研究认为，网络文化具有内容丰富、传播快捷、环境开放、覆盖面广、难以监控等特点，由于我国网络文化存在西方殖民文化入侵、意识形态传播以及网络道德失范等问题，这些对大学生政治意识、价值取向、道德观念、行为方式等带来挑战，提出把网络文化纳入校园文化建设、建设网上文化阵地、加强网络监管、建设文明网络空间、组建网络德育工作队伍等对策。

三是针对校园 BBS 社区的研究。作为网络虚拟社会的重要形式，校园 BBS 越来越多地引起了思想政治教育工作者的关注和研究，龚蕾[49] 对校园 BBS 的使用状况做出了实证调查，认为 BBS 是校园网络文化中最为活跃和最具特色的领域，归纳出校园 BBS 文化具有情感交流占据主要地位、专业性较强、关注焦点的地域性差别明显等特点。杨明光[50]、胡凛[51] 等探讨了BBS的网络传播特点及其对使用者的影响。胡钰[52] 认为BBS是大学了解信息、发表言论和交流思想的重要园地，成为当代思想政治教育的重要阵地。在分析 BBS 所带来的问题与挑战的基础上，探讨了利用 BBS 开展思想政治工作的及时性、正面性、柔和性原则以及四项具体方法，该研究是有关 BBS 的网络德育研究中较为系统的研究成果。

四、“网络社会观”下的思考

思想政治教育对网络的认识经过了从“网络危害论”“网络工具论”到“网络社会观”的历程，因此，从工作实践和理论研究两个层面综合来回顾和思考网络思想政治教育十多年来的发展，显得很有必要。

---

43 陈勇，王艳霞.论网络时代的思想政治教育创新[J].煤炭高等教育，2001（11）.

44 奚建华.网络时代与高校思想政治工作创新[J].思想教育研究，2002（9）.

45 张革华.加强网络文化建设，改进高校德育工作[J].思想理论教育导刊，2002（5）.

46 林莉，杨海燕.网络社会的校园文化建设[J].理论与改革，2001（5）.

47 张卫平，杨莲珍.以“三个代表”为指导加强校园网络文化建设[J].思想教育研究，2001（6）.

48 姜继红.网络文化与高校思想政治工作[J].高等教育研究，2002（1）.

49 龚蕾.来自校园网络BBS的最新调查[J].中国青年研究，2001（1）.

50 杨明光，王青鹏.充分利用校园BBS做好研究生思想政治工作[J].思想教育研究，2001（7～8）.

51 胡凛.BBS带给我们的思索[J].思想·理论·教育，2001（8）.

52 胡钰.如何利用BBS开展高校思想教育[J].思想理论教育导刊，2002（7）.

（一）网络思想政治教育发端于高校育人环境的深刻变化

当前，我国社会发展进入到一个新的时期，对大学生思想政治教育进行加强和改进成为国家政治和文化建设领域的一个重要议题。为什么大学生思想状况近些年来发生了深刻变化？为什么我们要不断地加强和改进思想政治教育工作？大学生的成长环境的发展和变化是一个根本性原因。作为一种技术，网络是人的有目的性的创造物，显示出人与自然环境关系维度上的本质力量的增长；当网络成为人的生存方式，则充分彰显了人在社会环境维度上的个性人格的发展和丰富。在网络社会的发展背景下，大学生成长过程中的各种环境都发生了变化，如家庭环境、社区环境、学校环境等，无论是交往世界还是精神世界，都发生了巨大的变化。对高校来说，由于校园环境在信息网络化条件下的变革与发展，高校育人环境已经发生了重大的变化。这是大学生思想政治教育面临的最为深刻的变革。学校的根本任务是培育人才，而其德育工作的展开则需要好的环境。在网络社会条件下进一步加强和改进大学生思想政治教育工作，就要从育人环境的全局高度把握思想政治教育实践和理论研究的发展。

第一，这种新的育人环境首先是一个校园现实空间与虚拟空间密切联系的立体的社区环境。大学校园的网络建设与应用走在了社会的前列，而大学生则是主要的网络用户。在越来越多的高校中，网络技术的应用全面地深入到学校各个方面的工作，如教学环节、科研活动、行政管理和后勤服务等，广泛地关联着大学生的日常学习、生活和人际交往，网络活动已经明显地成为大学生生活方式的重要组成部分。因而，思想政治教育工作要从网上和网下相结合而形成的立体环境来认识和看待高校育人环境，必须增强时代意识，拓展和改变传统观念中人才培养的工作职能，贴近实际、贴近生活、贴近学生，主动、自觉地深入到网络空间发挥作用，使思想政治教育及其影响全面覆盖学校的育人环境。

第二，这种新的育人环境是一个以大学生为主体的自组织性较强的信息空间。在高校校园社区中已逐渐形成和发展了一种“校园网络亚传播圈”，这种基于校园网络而形成的信息亚传播环境的重要特征表现在作为主要网络用户群的大学生的主体性和信息内容的自组织性。一方面，在新的信息网络化校园中，大学生从以往被动的信息接受者变成为主动的建构者，高校育人环境从单一的教育者主体发展为多主体建构，因此，适应和引导大学生的信息需求及其在网络环境下的信息接受是实现思想政治教育有效性的重要前提。另一方面，伴随着校园信息环境自组织性的增强，高校育人环境的复杂性、多变性和不可控性也在增加。当前我国社会发展处于快速变革的状态，出现了新问题、新现象、新状况，社会实际的变化呈现出崭新的局面。这些社会实际的变化通过校园网络亚传播圈的信息自组织机制变成高校育人环境的重要内容，成为大学生所关注和思考的焦点，极大地影响了他们的思想和行为。在当前形势下，我们要不断地对新环境下的教育规律性进行深入研究，并充分地把握，积极探索新的育人环境中的教育策略和方法。

第三，这种新的育人环境是一种全新的人际交往和文化环境。互联网技术的发展方兴未艾，各类信息传播和人际沟通的技术形式日新月异。平等参与、自由表达、场域多元、复杂互动、匿名传播、瞬间扩散、身份虚拟、角色多变等信息交流特征形成了一种全新的思想交流方式和文化环境。大学生在接受信息的方式、思想活动的过程、个性心理、行为方式乃至网上话语的形态等都出现了不同以往的新情况和新规律。网络环境已经成为改进、创新思想教育的重要途径。思想政治教育要增强亲和力、吸引力、说服力和感染力，要增强针对性和实效性，就必须增强机遇意识，对思想政治教育的常规方式和方法进行调整和变革，主动、自觉地适应网络载体的运作特点，大兴网络之利，力除网络之弊，在继承优良传统和坚持基本原则的基础上，创新思想政治教育的教育理念和内容、工作体制和机制、工作模式和手段，使新形势下思想政治教育与高校育人环境同步发展。

第四，这种新的育人环境是一个网络时代意识形态斗争的重要阵地。作为信息自由共享的平台的性质，互联网使网上思想文化交流显现出分散性、便捷性、跨国界等特点。一方面，网络提供的思想文化信息海量、丰富、多样，顺应了现代社会人们迅速增长的精神文化需求；另一方面，这些信息良莠复杂、真伪难辨、正反交错，泥沙俱下。高校是各种有害思想渗透的主要对象，校园网络已经明显地成为意识形态斗争的重要阵地。思想政治教育要坚持马克思主义在意识形态领域的指导地位，要在思想文化相互激荡更加突出的新形势下引导大学生健康成长，就必须增强忧患意识，对思想政治教育的感召力和战斗力进行巩固和发展，主动、自觉地占领网络阵地的制高点，大力弘扬先进文化、勇于应战错误思潮，充分运用思想政治教育的政治优势，建设高校新的育人环境。

网络社会是思想政治教育发展与创新的基础土壤。作为现代思想政治教育的新形态，网络思想政治教育所表现出的实践探索性显得十分突出，与网络社会的形成和发展过程密切相关。从 20 世纪 90 年代初我国全面接入国际互联网以来，在不同的阶段，网络在我国的发展及其影响具有不同的特征，其间必然面临各种各样的新情况、新问题，使得我们的理论研究和工作实践处在一个不断发展深入的过程。对于网络应用与创新走在社会前列的高校而言，网络的发展及其对于大学生思想和行为的影响尚在动态变化之中，需要我们立足实践，针对实践发展的具体状况进行理论研究的不断创新和发展，必须强调把实践发展中的突出问题作为理论研究的导向。

（二）网络思想政治教育实践面临的主要理论问题

网络对思想政治教育的影响是全面的、深刻的，而不是局部的、表面的。在推进网络思想教育工作实践深入开展的同时，必须深刻认识到网络社会的发展是一个不断创新的过程，其影响也是一个日益复杂和不断深入的过程，只有在工作中不断地对那些有规律性的实践经验进行积累和总结，从理论研究上不断追踪实践发展的趋势，把握其基本矛盾和规律，才能更好地实现网络思想政治教育的有效开展。

1. 对于网络社会的认识以及思想政治教育的环境问题研究

思想政治教育在网络社会条件下最为重要的变化首先在于其实践环境的发展。在网络社会条件下，思想政治教育理论研究不应当仅仅把互联网作为一种工具或局部现象，而是要立足于网络目前和未来可能对社会生产方式、生活方式的全方位影响，以网络社会的形成为基础背景来研究思想政治教育的实践环境问题。应较为全面地对网络社会的内涵进行分析，对网络社会的概念进行明确的认识和把握，这是把握思想政治教育环境发展的重要前提。在此基础上，对网络社会背景下思想政治教育环境的发展进行具体调查研究和分析，对网络社会条件下思想政治教育实践的环境理论进行深入分析和建构。

2. 虚拟社会的实质及其与现实社会的关系研究

在网络时代条件下，思想政治教育实践从现实空间进入虚拟领域。“原子式”的现实世界和“数字化”的虚拟世界共同建构出人类生存与发展的崭新境遇，人的生存方式、思维方式、生活环境和价值观念都发生了或者正在发生着深刻的变革。面对虚拟环境与现实环境共存共生的新状况，思想政治教育必须对虚拟与现实的基本矛盾关系进行深入研究，揭示虚拟社会环境的实质，认识和把握虚拟与现实的互动机制，建构出网络社会环境的虚实关系理论体系，从而指导网络思想政治教育的实践发展。

3. 网络社会环境下的思想政治教育主客体关系理论研究

虚拟社会领域的出现以及虚拟认识与虚拟实践的发展，使得人的主体性发展立足于虚拟社会与现实社会共同建构的实践基础之上。这导致思想政治教育中的主客体关系这一核心论题的内涵发生根本性变化，对思想政治教育理论与实践发展产生基础性的影响。网络思想政治教育的理论研究要抓住主体与客体这一对基本矛盾，对主客体关系从现实世界、赛博空间到网络社会的发展脉络进行梳理和把握，对思想政治教育过程中主体、客体及其关系在网络社会条件下的主要特点进行深入分析，把握主体、客体及其关系在虚拟社会的新形态以及虚拟与现实互动作用下主客体关系的动态发展规律，实现对网络社会条件下思想政治教育主客体关系的正确认识和把握。

4. 网络话语体系与思想政治教育的话语创新研究

在网络环境中，主体创造着网络文化，网络文化又反作用于主体、重塑主体。网络文化的虚拟性、拼贴性、戏仿性和参与性等特征使网络空间具有一套独具特色的话语体系，并对现实世界产生深刻的影响。进一步的研究可以把网络文化环境作为背景，深入分析网络话语的形成、发展与特点，把握网络话语体系在社会文化层面的广泛影响。在此基础上，对思想政治教育的方式创新和话语创新进行深入研究，实现传播效果和教育功能的最大化。

5. 网络技术发展特点与网络思想政治教育方法研究

网络技术是一个不断发展的技术群，这些技术不但促进知识、信息在全球范围内更加快捷广泛的传播，而且使知识和信息的传播具有开放性、非线性、非中心化等特点。对于思想政治教育而言，每一种新的网络技术不但是思想政治教育的新工具，更成为一个全新的信息传播和人际交往场域。因此，紧紧跟踪网络技术的创新与发展，研究各种网络技术应用对于信息传播、人际交往以及社会文化的影响机制，把握机遇，趋利避害，实现思想政治教育对于各类网络技术的有效应用，是网络社会环境下不断增强思想政治教育影响力和实效性的重要方面。

6. 基于网络的舆情把握与舆论危机管理研究

网络的发展使舆论的形成规律发生了改变，增强了网络舆论在思想政治教育实践中的地位和影响。如何全面认识网络舆论，如何对网络舆情进行有效把握，如何在突发事件过程中引导网络舆论，应对危机状况，这些问题都是网络舆论对思想政治教育带来的重要课题。进一步的研究应注重研究网络舆论形成和舆情发展的基本规律，提出网络舆情的测量和评估方法，并在大量案例实证分析的基础上，结合公共管理、舆论学、传播学等相关理论，尤其针对高校思想政治教育的典型需求，提出基于网络的校园舆论危机管理策略和方法。

第三节　网络思想政治教育的概念及发展状况

一、网络思想政治教育的概念

网络思想政治教育的定义既可以从狭义上来说，也可以从广义上来说。狭义的网络思想政治教育主要是指通过教师的积极引导以及高校和教育部门制定相关规章制度，有效规范大学生的网络行为，提高其网络安全意识、诚信意识以及辨别信息的能力，积极配合高校思想政治教育工作。网络思想政治教育的施教主体是高校的任课教师以及辅导员，学生是受教主体，引导和监督网络行为是施教主体对受教主体的基本工作内容，通过这种行为确保大学生思想的积极、健康、向上发展。

广义的高校网络思想政治教育除了包括上述概念外，还涵盖了教师以及利用网络推广传统的思想政治教育内容，属于网络教育和远程教育范畴。因此广义上的网络思想政治教育可以定义为在高校开展与网络有关的思想政治教育，是在网络环境下对高校网络思想政治教育工作的全新诠释。

二、网络思想政治教育的发展状况

（一）历史发展

1. 艰难前行 (1994~1998 年)

1994 年至 1998 年是网络思想教育的初步探索时期。此时“思想政治教育载体”这一概念还没有出现，“方法”“途径”“方式”是其更多采用的说法。信息网络硬件建设快速发展，教育软环境还没有形成是它的主要特点。青年大学生在互联网使用上走在社会前列，受到来自网络负面影响的强烈冲击；网络思想教育实践在被动局面下初步展开，“防、堵、管”是主要的工作对策；网络思想教育研究内容的重点在于应对策略。

随着 1994 年 10 月中国教育和科研计算机网 (CERNET) 建设的全面启动，初步开展对高校校园网的应用和建设，某些高校的大学生，在学生科协与学生会的帮助下，自发地建设了一批局域网，并以宿舍楼作为单位。1995 年 8 月，水木清华 BBS 网站开通，这是中国内地第一个国际互联网上的 BBS 站点。大学生在网络使用上具有超前性，其体现一方面在于他们对使用互联网的热情上，另一方面在于他们的网络使用意识。1995 年 4 月，清华大学几名学生利用 Internet 向世界各地发出求援信，为一位同学所患的奇怪病症进行了确诊——重金属铊中毒，这一事件在高校乃至社会上产生了极大影响。一些研究者认为，网络时代下的大学生在传播媒介的使用、信息意识和国际视野上超出了他们的师长。随之而来的还有高校教育工作者强烈感受到互联网对大学生思想政治教育带来的巨大挑战。基于对高校网络化发展以及大学生网络行为和思想观念变化的思考，高校思想政治教育工作者关于网络思想政治教育的论述也开始出现，其理论讨论的焦点主要集中在互联网所带来的负面影响方面，尤其是网络对大学生政治心理、观念和道德方面存在的危害性。这是对网络思想政治教育的初步探索。

总的来看，在这一阶段，互联网在我国得到快速发展，一部分大学生走在网络使用的前列，同时也不可避免地受到了来自网络的负面影响，这引起了高校思想政治教育工作者的高度关注。由于基于网络的思想政治教育研究和工作实践刚刚起步，虽然高校校园网络的硬件设施建设发展较快，但是在教育软环境开发与建设上尚有待发展，缺乏有效的网络思想政治教育途径，因此，高校思想政治教育工作者在面对互联网带来的不良影响时，采取的防御策略的主要特点的突出表现为“堵、教、防”，对互联网的不良影响以及应对策略进行探讨和分析是其理论研究的内容主要集中的方面，属于在网络冲击下被迫无奈地接受时期。

2. 迎难而上 (1999~2000 年)

1999 年至 2000 年是网络思想教育的主动建设时期。对网络思想教育的发展起推动作用的是 1999 年中共中央下发的《中共中央关于加强和改进思想政治工作的若干意见》和 2000 年国家教育部下发的《教育部关于加强高等学校思想政治教育进网络工作的若干意见》，这也是我国开始从国家层面上关注网络思想政治教育研究的标志。1999 年 4 月，清华大学汽车工程系汽 71 班党课学习小组为解决同学理论学习时间冲突的问题，在一台宿舍楼联网计算机上推出了班级的共产主义理论学习主页，并将其命名为“红色网站”。这一新生事物为在互联网上开展学生思想教育工作提供了重要启示，开拓出网络思想政治教育的新空间，看作是全国高校思想政治工作进网络的第一步。

在这一时期，高校信息网络硬件建设不断成熟和完善，其中发展比较快的是以学生网站、校园 BBS 为主要形式的校园网络媒介，各类红色网站应运而生，而网络思想教育工作实践的主要内容为对思想政治教育网站进行主动建设；并以对策研究与经验研究作为基础，深入的网络思想教育理论研究已经在一些局部领域首先得到展开，重点集中在网络作为思想政治教育介体的研究方面。与此同时，校园 BBS 也逐渐成为吸引和凝聚大学生群体交往以及信息交流的重要网络媒介。

在《教育部关于加强高等学校思想政治教育进网络工作的若干意见》的推动下，一些高校党委成立了由宣传教育、网络建设、学生工作及网络技术等相关部门组成的专门机构，加强了对思想政治工作进网络的领导；建立了相应的管理体制，投入了经费设备与专门的工作队伍；开设了网上团校、党校；设立了各种网站，包括思想政治理论课辅导和答疑、校务公开咨询、理论学习、学生生活服务、时事政策、心理咨询等。

在这一时期，随着校园网络建设的快速发展，校园网络媒介逐渐显示出其在大学生中的吸引力、凝聚力和影响力。红色网站在各个高校得到大力建设，成为高校思想政治教育工作的重要载体；校园 BBS 通过在若干起产生较大社会影响的学生群体事件中表现出的特殊作用，吸引了越来越多大学生的关注和使用。网络思想政治教育的研究随着校园网络在高校思想政治教育工作中的作用越来越重要，进入一个新阶段，研究者对网络给思想政治教育带来的挑战与机遇更加关注，网络思想政治教育阵地的实现形式成为研究的重点。

3. 自我超越 (2001~2008 年)

2001 年以后，在许多高校的校园网上，一批承担网络思想政治教育的红色网站纷纷建立起来。比如，南京大学的“网上青年共产主义学校”、北京大学的“红旗在线”、华中科技大学的“党校在线”、南开大学的“觉悟网站”、北京师范大学的“学生党建之窗”等，不断壮大的红色网站构成了高校传播马克思主义的网络阵地和开展思想政治教育的重要载体。[53] 一些高校党委还成立了由网络建设、宣传教育、学生工作及网络技术等有关部门组成的专门机构，以加强对网络思想政治教育的领导。

2001 年 1 月 10 日，党中央强调:“要高度重视互联网的舆论宣传，积极发展，充分运用，加强管理，趋利避害，不断增强网上的影响力和战斗力，使之成为思想政治工作的新阵地，对外宣传的新渠道。”随后，教育部专门下发了《关于加强高等学校思想政治教育进网络工作的若干意见》，针对高校思想政治教育进网络工作提出六点具体意见，并为网络思想政治教育提出了理论和政策依据。此后，高校校园网建设与应用朝着综合性方向发展，形成了比较成熟的校园网络信息服务体系：

（1）校园网络信息平台在课程教学、科研信息资源、行政办公、教务管理等方面均有运用。使网络在科研、管理、教学活动中有着广泛应用。

（2）通过校园网络基进行各种服务，比如，就业指导、新闻宣传、心理咨询、后勤服务等，使网络的综合服务功能得到了实现。

（3）网络普遍进入学生宿舍，为大学生的课外生活创造出一个新空间，并且成为大学生获取信息的重要途径。

在这种形势下，许多高校开始大力建设校园信息门户网站。如果说清华大学的“红色网站”还不足以产生广泛影响力的话，2001 年 2 月清华大学“学生清华”网站开通之后

53　中共北京市委教育工作委员会编.互联网对高校师生的影响及对策研究[M].北京：首都师范大学出版社，2001.

短短的 8 个月内点击率就达到 110 多万人次。[54] 复旦大学计算机系学生推出了全方位的服务，包括就业辅导、社会实践、心理咨询、网上生活、学习等，被学生称为“网上家园”。天津大学的“天外天”学生网站经过不断建设升级而形成综合性的教育网络体系，在正式开通一年多之后，首页总访问量达到 800 万人次，日访问量近 20 万人次，时刻在线人数达 1 000 人，学校通过网络进行的思想政治教育渗透到校园的每一个角落。

应该说，2001 年以来是网络思想教育的深入发展时期，其属于成长中的自主超越时期。其主要特点包括以下三点：

（1）高校校园网络应用和建设更加成熟和完善，大学生的主要网络行为逐渐形成校园网络依赖，校园网络在高校思想政治教育中的作用和地位更加显著；

（2）网络思想政治教育实践拓展到综合性的校园网络社区建设，网上、网下教育逐渐结合起来，使联动协调的教育格局得以形成；

（3）网络思想教育研究进入一个比较全面的发展期，呈现出网络思想教育理论体系建构的发展趋势。

3. 全面发展 (2008 年至今)

由于 2008 年中国的网民人数第一次超过了美国，跃居世界第一位，且中国居世界前列或是首位的还包括很多与网络资源相关的指标，因此，研究者将 2008 年当作划分第三、第四阶段的界线，这些都标志着中国的网络发展进入了一个更新的时代，网络思想政治教育的研究也开始在网络迅速普及的过程中全面展开。

这一阶段是高校网络思想政治教育工作实践和理论研究向着纵深不断发展到全面展开的时期。由于许多高校的校园网络建设与应用到了比较完善和成熟的发展阶段，大学生对校园网络的使用状况从起初的少数用户发展到绝大多数人成为网民，从起初仅仅是浏览新闻、收发邮件等简单的网络使用行为发展到全面进入“网络生活”，大学由于快速发展的校园网络应用与建设，促使其变成了一个信息网络化的校园，改变了大学生学习与生活实践的环境。在这种新的形势下，无论是高校网络思想政治教育工作的发展，还是与之相关的理论研究的深入，都体现出与校园网络建设与应用不断成熟的实践发展状况相适应的特征。这一时期成为积极面对信息时代，网络思想政治教育进入全面展开时期。

到目前为止，信息强权论、信息素养论、网络初始化、信息生态论、数字鸿沟论等是国内与网络思想政治教育的观点有关的几种理论。

（二）当代网络思想政治教育的发展趋势

网络思想政治教育发展是一个渐进的过程，它随着网络思想政治教育实践的发展以及网络信息技术的进步而发展。而网络技术是朝着有利于社会发展的需要和人的全面发展的

54　李爱民，张晓明，黄贝娜.有效性：思想政治教育对网络的期待与实现——对当前高校思想政治教育进网络情况的调查分析[J].学校党建与思想教育，2003（3）.

需要而进步，因此，网络思想政治教育的发展趋势是可以预测的。

1. 个性化

网络思想政治教育应使受教育者的个性得以发展与张扬称为网络思想政治教育个性化。这与传统思想政治教育把不同的人用同一个模式来塑造是根本不同的。预测网络思想政治教育个性化的依据在于：

（1）人的个性发展需要个性化的网络思想政治教育。这是网络思想政治教育个性化的内在动力。一个人的比较固定的特性称为人的个性，是个人的自我意识以及由此形成的个人特有的性格、素质、情感、品格、气质等的总和。[55]个性是人的主体性的个体表现，哲学所理解的人的个性也就是个人的主体性。[56]人的个性发展的重要条件就是思想政治教育，它对个性发展的方向起着影响与决定的作用。从这方面来考察，人的个性发展主要有以下需求：

第一，需要大量可供自主选择的思想政治教育信息。

第二，需要提供自主参与思想政治教育实践活动特别是创造性活动的广阔舞台。

第三，需要有足够的自由时间参与思想政治教育活动。

只有具备了这些条件，思想政治教育才可能成为自由自觉的活动，即思想政治教育才能促进人个性的发展。

（2）互联网技术的发展为网络思想政治教育个性化提供了条件。互联网传播是一种分布式(发散型)网状传播结构，这种传播结构使互联网具有多种特性，比如快捷性、虚拟性、开放性、交互性等。

①互联网的快捷性，使劳动生产率大大提高，节约了大量的劳动时间，人们不必把全部时间和精力花费在物质资料的生产上，这就为人们参与思想政治教育活动提供了自由可支配时间。

②互联网的虚拟性、多媒体性为主体的创造性活动提供了最好的舞台，使之冲破传统的思维束缚，自由地在“虚拟”世界里翱翔，创造出更多的精神财富，改变共同资源紧缺的状况。

③互联网的开放性，使它的任何一个网结都能够生产、发布信息，所有网结生产、发布的信息都能够以非线型方式流入网络之中。因而人们可以自主地选择或发布思想政治教育信息。

④互联网的交互性，使数以万计的受众可以同时直接迅速地反馈信息，发表意见，这就从根本上改变了传统思想政治教育交互的局限性。

从以上分析不难得出结论，网络思想政治教育的个性化对人的个性发展有着非常重要

55 陈小鸿.论人的自由全面发展[M].北京：人民出版社，2004.

56 韩庆祥，亢安毅.马克思开辟的道路——人的全面发展研究[M].北京：人民出版社，2005.

的作用，而互联网又为思想政治教育的个性化提供了条件，因而网络思想政治教育的个性化是必然的发展趋势。

2. 社会化

网络思想政治教育社会化是指网络思想政治教育应依靠全社会各方面的力量。开展网络思想政治教育以来，通过探索与实践，取得了许多成功的经验和一批有价值的成果。如建立网络德育研究基地，开展系统的网络思想政治教育研究；加强对 BBS 的引导；建立思想政治教育网站等。尽管如此，网络思想政治教育依旧有一系列的重大问题需要面对，比如，在网络思想政治教育内容上，存在着社会不断涌现的新情况、新问题与相对滞后的教育内容的矛盾。互联网的发展，将以往的劳动力布局与生产力要素结构改变了，从而对社会生产力的大发展起到了促进的作用；造就了与网络社会相适应的思维方式，即“网络化思维方式”，促进了人的思维方式的变革，并以其特有的方式推动民主政治进程；促进了新的经济形态的产生，使产业结构的调整与重组得以推动；促进了经济增长方式的根本转变和生产率的提高；改变了企业的经营理念和营销模式，促进了经济全球化的发展等。[57]

3. 生活化

互联网自 1994 年进入商业营运以来，由于需求不断增加，新的技术及其应用不断拓展。目前，被广泛应用的技术包括：播客、远程教育、博客、网络新闻、电子政务、电子邮件、电子商务、网络社区、网络游戏、虚拟现实等，使人们的生产、学习、生活和休闲方式发生了深刻变化，与此同时，也为网络思想政治教育的生活化提供了技术支持。随着网络信息技术的不断发展，信息终端将无所不在，因此，能够预测的是，在人们生活网络化得以拓展的同时，网络思想政治教育的生活化也将得到不断提升。

57　李钢，王旭辉.网络文化[M].北京：人民邮电出版社，2005.

第二章　高校网络思政教育综述

作为党和国家思想政治工作的重要一端和前沿阵地，高校思想政治工作承载着学习研究宣传马克思主义，培养中国特色社会主义事业合格建设者和可靠接班人的重大任务。党的十九大以来，各地各高校全面贯彻党的教育方针，紧紧围绕落实立德树人这一根本任务，牢固树立创新、协调、绿色、开放、共享五大发展理念，立足综合改革，突出协同创新，着力提升质量，推进内涵发展，不断推动高校思想政治工作创新发展，不断巩固马克思主义在高校的指导地位，高校思想政治工作成效显著。在网络的促进下，思想政治教育有了新的发展，我们要科学认识高校思想政治教育的本质、特征，深入了解网络思想政治教育的内容，明确高校网络思想政治教育的功能与意义，坚持网络思想政治教育工作的原则，稳步推进高校网络思想政治教育工作的发展。

第一节　高校网络思政教育的本质与特征

一、高校网络思政教育的本质

网络思想政治教育的本质是什么？这是网络思想政治教育学所要研究的基本理论问题，同时，也是一个实际应用问题，开展网络思想政治教育，必须符合网络思想政治教育的本质要求，才能收到良好的效果。因此，掌握网络思想政治教育的本质，对于开展网络思想政治教育的理论研究和实际工作都具有重要的指导意义。

（一）网络的本质

关于网络的本质，有学者指出，“网络的本质是解放每个人的生产力”[58]。还有学者指出，“网络的本质就是把每一个人与其他人联系在一起”[59]。究竟如何描述网络的本质呢？

我们知道，本质是事物的根本性质，是事物内部相对稳定的联系，由事物所具有的特殊矛盾构成。本质与现象相对，现象是事物的外部联系和表面特征，是本质的外在表现。本质和现象是对立的统一。两者相立区别：本质比现象深刻、稳定；现象比本质丰富、生动、易变。两者又相互统一：本质决定现象，总要表现为一定的现象；现象总是这样或那样地

58　鲍宗豪.全球化与当代社会[M].上海：上海三联书店，2002.

59　鲍宗豪.网络与当代社会文化[M].上海：上海三联书店，2001.

体现本质，它的存在和变化总是从属于本质。透过现象把握其本质是科学的基本任务。

根据本质的定义，那么，网络的本质是指网络的根本性质，是网络内部相对稳定的联系，决定着网络的存在和发展。因此，我们可以将网络的本质表述如下：网络的本质是开放的联系。换句话说，网络的本质就是把事物联系起来，而这种联系是开放的，它不仅可以把人联系起来，也可以把物联系起来。这可以从两个方面来分析：一是从网络的结构来分析。我们知道．互联网的结构是分布式结构，没有中心，它通过若干节点（节点是指曲线与已身相交之处）朝各个方向延伸，呈现出无限扩展的态势。

现在的互联网通用的运作模式是万维网运作模式。万维网只是互联网的一种运作模式，是由提供信息服务的万维网站点与使用信息服务的客户端浏览器这两大部分构成，互联网上的电脑也因此分为服务器与客户机。这种运作模式类似于现实生活中的超市与顾客之间的关系。万维网的产生是要回答一种公开的挑战，即通过来自许多不同方面的影响、思想和认识的搅拌，并借助人类大脑的奇妙调配，最终形成一种新的概念。我们不难看出，他这里强调的设计理念是“联系”和“开放”。

（二）传统思想政治教育的本质

我们在前面已经提到，网络思想政治教育是一种现代思想政治教育方式，为方便比较，我们可以把此前形成的思想政治教育称为传统思想教治教育。由于网络思想政治教育是在传统思想政治教育基础上发展起来的，网络思想政治教育的本质必然与传统思想政治教育的本质相联系，因此，我们要想弄清网络思想政治教育的本质，首先要了解传统思想政治教育的本质。

张耀灿、郑永廷等著名专家对思想政治教育的性质概括为三个方面：一是思想政治教育的目的性，即思想政治教育的目标指向性或价值取向性，它是思想政治教育最鲜明的特性。因为这是思想政治教育区别社会环境影响的本质之所在；反映了社会发展的本质要求和一定阶级的根本利益；反映了人的选择性特点和人的发展要求。二是思想政治教育的实践性，即思想政治教育的现实性和思想政治教育价值实现的实效性，它是思想政治教育显著的本质属性。因为思想政治教育是以人为实践对象的活动，其出发点种归宿都只能是实践；思想政治教育的价值也只能在实践中实现。三是思想政治教育的超越性，即思想政治教育面向未来的发展性，对社会实践活动和人的行为的先导性，它是思想政治教育突出的本质属性。因为思想政治教育是既立足于现实，又面向未来的实践活动；思想政治教育是一项既解决现实问题，又具有先导作用的活动。

（三）网络思想政治教育的本质

网络思想政治教育的本质在一定程度上反映着传统思想政治教育的本质。同时，网络的本质也必然反映着网络思想政治教育的本质。网络思想政治教育的本质与传统思想政治教育的本质相比，在思想政治教育的目的性和思想政治教育的超越性等方面有相似之处，其特质主要体现在以下几个方面：

1. 实践性

网络思想政治教育的实践性是指网络思想政治教育具有网络思想政治教育主体通过有目的的虚拟实践活动改造网络思想政治教育客体的特质。实践性是网络思想政治教育最突出的本质属性。“实践”是指人们有目的地改造自然和社会的活动。“性”是指人或事物所具有的特质、能力、作用。思想政治教育的实践性是指思想政治教育具有思想政治教育主体有目的地改造思想政治教育客体的活动的特质。

网络思想政治教育较之传统的思想政治教育，其实践性更为突出。“突出”表现为虚拟实践。虚拟是指不以实体的形式存在，而以本质的形式存在。虚拟实践的实践性相对突出，原因有以下几个。

（1）虚拟实践活动的内容和形式丰富多彩。在虚拟实践活动中，计算机和网络也具有主体的品格，起着功能主体的作用。因此，虚拟实践活动的主体是计算机和网络同现实的人相耦合而成的人—机系统，对象是虚拟客体，这样使得虚拟实践活动具有很大的自由开放性。使虚拟实践活动的内容与形式极其丰富，特别是多媒体技术的开发应用，使“虚拟现实”或“数字现实”又进一步将声音、文字、影像、图表、图片等信息符号融汇其中，并在信息数据处理和传输的过程中有所整合，取得声影兼备和图文并茂的传播效果，使虚拟更具真实性。人们可借助于计算机网络手段，畅游于多姿多彩的“虚拟世界”之中。

（2）虚拟实践活动主要是技术性、创造性活动。我们在网络虚拟空间进行的虚拟实践活动必须运用计算机技术、网络技术和虚拟现实技术等现代信息技术，充分体现了高技术的特点。同时，虚拟实践活动是一种不断超越现实的创造性活动。在虚拟实践活动中，人们可以让时间倒流，也可以在瞬间“走到”地球上任何已经联网的地方，并与那里的情景发生互动。“虚拟企业”“虚拟办公室”“虚拟家庭”“虚拟结婚”“虚拟示威”等应运而生，简直无奇不有。有学者认为，虚拟实践使我们有可能深入理解人类智能的器官和感觉的复杂性。网络思想政治教育在很大程度上就是用积极的虚拟实践活动克服消极的虚拟实践活动，因而，体现了很强的实践性。

2. 主体性

前面已经讲过，主体性是指人在主体与客体关系中的地位、能力、作用和性质。其核心是人的能动性问题。主体性是作为个体层次的人的本质，即体现为人的自由自觉的活动。主体性包括自主性、能动性、自为性和创造性。哈贝马斯将主体之间的“交往”看作“主体性”形成的前提，主体通过交往而认识自身。

网络思想政治教育的主体性是指网络思想政治教育主体在网络思想政治教育活动中表现出来的一般特性，即在网络思想政治教育活动中所表现出来的自主性、能动性、自为性和创造性。主体性是网络思想政治教育最突出的本质属性。

传统思想政治教育忽视人的主体性，突出表现为教育者和受教育者地位不平等；思想政治教育的基本方式是采取灌输，“我打你通”，带有一定的强制性，在一定程度上影响了人的主体性的发挥。当然，我们并不能否定灌输的作用。列宁就十分重视灌输的作用，他指出，社会主义的思想意识不能在工人群众中自发产生，只能从外面灌输进去。我这里仅说明灌输同其他事物一样具有两栖性。在网络思想政治教育中，教育者与受教育者的地位是平等的，教育者与受教育者的身份是不确定的，思想政治教育方式是交互性的，教育者是给受教育者提供选择，而不是灌输。这样，极大地增强了受教育者的自主性、能动性、自为性和创造性，使其主体性得到强化和提升。

3. 社会性

网络思想政治教育的社会性是指网络思想政治教育具有社会属性，即网络思想政治教育既依靠社会各方面的力量，又服务于社会发展的需要。社会性是网络思想政治教育的重要本质属性。

在传统思想政治教育中，由于思想政治教育主体、思想政治教育资源、思想政治教育形式等条件的有限性，导致了思想政治教育客体、思想政治教育区间等方面的局限性。比如，人与人交流沟通的主要形式是面对面，这就受到了物理时空的限制，从而影响了思想政治教育的效果。

在网络思想政治教育中，由于互联网的无限开放性，冲破了传统的时间界限、空间界限、行业界限、社会群体的界限等局限，同时由于互联网的交互性等特性，使一对多、多对多的交互成为现实。随着网络信息技术的发展，网络终端无处不在，将为网络思想政治教育提供更加便利的条件。

通过以上分析，我们可以对网络思想政治教育的本质做如下概括：网络思想政治教育的本质是提高受教育者的思想政治素质和道德心理素质，同时发展受教育者的主体性和社会性。

网络思想政治教育的实践性与网络思想政治教育的主体性和网络思想政治教育的社会性有一定的内在联系。由于虚拟实践拓展了人的实践方式，所以必定会拓展人的主体性和人的社会关系。也就是人的主体性在虚拟实践中获得了新的发展形式，从而极大地调动了人的自主性、主动性、创造性和超越性；虚拟实践创造了新的社会环境，大大拓展了人与人的关系，使人的社会关系在虚拟实践中得到了更好的发展。人的主体性和人的社会关系的发展又反过来促进虚拟实践的发展，相互联系，相互作用。

二、网络思想政治教育的特征

研究网络思想政治教育的特征，从网络思想政治教育的特征与网络思想政治教育的本质联系看，可以更好地揭示网络思想教育的本质；从一定的意义上来说，开展网络思想政治教育，实质上就是对网络思想政治教育特征的运用。因此，把握好网络思想政治教育的特征，对我们深化网络思想政治教育本质的认识、提高网络思想政治教育的实际效果具有特别重要的意义。

（一）教育目的的政治性和隐蔽性

思想政治教育本身就是一定的阶级、政党、社会群体有目的地对其成员施加一定的思想观念、政治观点、道德规范等方面的影响，使他们形成符合一定社会、一定阶级所需要的思想品德的社会实践活动。在阶级社会里，思想政治教育一直都有强烈的阶级性和政治性。因此，政治性是思想政治教育的本质特征。由于网络的开放性，各种意识形态、多元价值观会充分反映出来。当前，互联网已成为意识形态斗争的一个重要领域，美、英等发达资本主义国家已把互联网作为谋求跨世纪战略优势的政治工具，他们依靠其经济和科技优势，在“信息自由流通”原则下，利用互联网对发展中国家进行意识形态渗透，这已经成为国际传播的一个很明显的特点。要想取得这场战争的胜利，我们必须加强网络思想政治教育，在网络思想政治教育中更加突出政治性，坚持网络思想政治教育的社会主义方向。

在传统思想政治教育中，思想政治教育者与受教育者是进行直接的、面对面的接触，教育者与受教育者的身份、年龄、性别等符号明晰；思想政治教育目的明确，思想政治教育的方式是“灌输”。因此，教育形式的直接性和教育目的的公开性是传统思想政治教育的两个突出特征。而在网络环境中，思想政治教育方式主要是通过人—机对话，因而思想政治教育只能靠“引导”。教育者把教育目的隐蔽起来，做到含而不露，往往以受教育者朋友或知心人的身份，对受教育者的思想道德状况及其根源进行深入了解，并指导其培养良好的道德品质和行为习惯。

（二）教育主体的虚拟性和平等性

虚拟性指主体间的交往行为可以不通过物理空间，不进行身体接触，只通过数字化的媒体就可以实现的特性。主体的虚拟性是由网络的虚拟性所决定的。大家知道，网络上信息的存在方式都是数字化，即以比特 (Bit) 形式存在，比特是信息的基本单位，如同细胞是生物体的基本单位一样。尼葛洛庞蒂在《数字化生存》一书中认为，比特作为“信息的DNA”正迅速取代原子而成为人类社会的基本要素。比特与原子遵循着完全不同的法则。比特没有重量，易于复制，可以以光速传播。在它传播时，时空障碍完全消失。原子只能由有限的人使用，使用的人越多，其价值越低；比特可以由无限的人使用，使用的人越多，其价值越高。英国文学家萧伯纳曾做过一个通俗而生动的比喻：你有一个苹果，我有一个苹果，我们交换一下，仍然是各有一个苹果；但是，如果你有一个思想，我也有一个思想，我们交换一下，我们就都有了两个思想。其实，可能还不止两个思想，在思想的交换和碰撞过程中产生更多有益的思想。

（三）教育信息的开放性和丰富性

网络思想政治教育信息的开放性是由网络的开放性决定的。网络采用一种网状互联式结构，实行全通道型的信息交流方式。这种交流方式保证网上每一个节点都经由许多条路径和另一个节点相连，而任何一个节点又都可以在自身的基础上不断向外扩充，从而实现了点点是中心，而又没有一个绝对的中心。[60]网络的这种无限拓展特性使网络思想政治教育信息具有无限的开放性。具体体现在两个方面：

一是网络思想政治教育信息的共创性。传统的思想政治教育信息是由特定机构、专职人员通过编写教材、资料等形式提供，具有专一性和封闭性。而网络思想政治教育的信息可以通过每一个终端来制造、发布和传送。

二是网络思想政治教育信息的共享性。最早在理论上提出网络共享思想的是加拿大学者麦克卢汉，这位天才的预言家在互联网诞生之前就宣告网络将给人类带来一种超越分工个体的生命智慧。他认为，传统工业世界的特点是分工，创新不能由制度内在生成，而共享则是内生的融合“润滑剂”，是创新的“助产婆”。这种网络智慧意义上的知识，是在人们的互动中产生的，而对于人们的共同创造物，最合理的分配方式不是产权分割，而是共享。[61]

第二节　高校网络思政教育的内容与原则

一、高校网络思想政治教育的内容

网络思想政治教育是传统思想政治教育的延伸和发展，其基本内容是相同的，都包含思想教育、政治教育、道德教育、心理教育等内容。因此，以网络思想政治教育内容为中心的体系，可将网络思想政治教育内容分为网络思想教育、网络政治教育、网络道德教育、网络心理教育等方面。

（一）世界观、方法论教育

网络思想教育主要是指运用互联网对受教育者进行世界观、方法论的教育。具体内容包括：科学的世界观、人生观、价值观教育；科学发展观教育与“和谐”思想教育；马克思主义唯物论、无神论和科学精神教育；创新精神、艰苦奋斗精神教育等。这些具体内容主要解决的是主观与客观的关系问题，不仅解决主观与客观是否符合的问题，还要解决主观与客观如何符合的问题。前者是属于世界观的教育，后者是属于方法论的教育。[62]

（二）政治观教育

网络政治教育主要是指运用互联网对受教育者进行政治理想、政治信念、政治方向、政治立场、政治观点、政治情感、政治纪律等方面的教育。具体内容包括：爱国主义教育、社会主义教育和理想信念教育，党的基本理论、基本路线、基本纲领和基本经验教育，基本国情和形势政策教育等。这些具体内容主要解决的是网民的立场、方向和道路问题。

60　鲍宗豪.网络与当代社会文化[M].上海：上海三联书店，2001.

61　常晋芳.网络哲学引论——网络时代人类存在方式的变革[M].广州：广东人民出版社，2005.

62　张耀灿，郑永廷，刘书林，吴潜涛.北京：现代思想政治教育学[M].人民出版社，2001.

网络思想教育和网络政治教育在网络思想政治教育中的地位是明确的，它们以其各自的地位和作用推动着网络思想政治教育的发展，二者既不可偏废，又不可相互替代。但是，由于网络政治教育中包含着思想性的内容，网络思想教育中包含着政治性的内容，因此，二者在内容上的划分只是相对的。我们在网络思想政治教育实践中，要具体问题具体分析，准确把握网络思想教育和网络政治教育的联系与区别，使网络思想教育与网络政治教育都能得到正确的实施，并相得益彰。[63]

（三）网络道德教育

网络道德教育主要是指运用互联网对受教育者进行行为规范的教育。它既包括公民的基本道德规范教育，也包括因网络虚拟环境而形成的道德规范教育。具体内容包括：社会主义道德教育；社会公德、职业道德、家庭美德、个人品德教育；环境道德教育；科技道德教育等。以为人民服务为核心、以集体主义为原则的社会主义道德教育是最根本的道德教育。社会公德、职业道德、家庭美德和个人品德教育是基本的道德教育；环境道德教育是调整人与自然关系的教育，它所要解决的是人与自然如何和谐共存的问题；科技道德教育是调整人与自身关系的教育，它所要解决的是因科技发展带来的人与自身的伦理道德问题。

（四）网络心理教育

网络心理教育主要是指运用互联网提高受教育者心理素质的教育。它的具体内容包括：心理现象知识教育、心理健康与调适的基本知识教育、心理疾病的预防与咨询教育等。

二、高校网络思政教育的原则

（一）思想政治教育的一般原则

网络思想政治教育首先要遵循一般的思想政治教育原则。所谓遵循一般的思想政治教育原则，是指传统思想政治教育和网络思想政治教育都要遵循的原则，也就是说，对传统思想政治教育和网络思想政治教育都适用的原则。比如，教育与管理相结合的原则、疏导与堵截相结合的原则、自律与他律相结合的原则、精神鼓励与物质激励相结合的原则、解决思想问题与解决实际问题相结合的原则、理论与实践相结合的原则、内容与形式相统一的原则、现实性与超前性相统一的原则等。[64]

（二）网络思想政治教育的原则

网络思想政治教育的原则是指网络思想政治教育本身必须遵循而传统思想政治教育却不一定遵循的原则。网络思想政治教育的原则主要是由网络的特殊性质决定的，特别是网络的开放性、虚拟性和交互性，使得网络思想政治教育原则有别于传统思想政治教育原则，具体来说，网络思想政治教育的原则主要有以下几条：

63　周湘莲.思想政治教育的内容与相互关系.社会主义研究，2004（2）.

64　宋元林.网络时代大学生思想政治教育导论[M].长沙：湖南人民出版社，2002.

1. 主导性和多样性相统一的原则

网络思想政治教育的多样性是指内容的多样性。网络思想政治教育的主导性是指教育内容要以思想政治教育内容为主导，尤其要突出思想政治教育的基本内容。坚持主导性与多样性相统一的原则，就是要把教育内容的多样性与教育内容的主导性统一于网络思想政治教育之中。

网络多样性首先是由网络的开放性决定的。由于网络的无限开放，就带来了文化的多样性。同时，多样性也是现代人文素质教育发展的趋势。网络思想政治教育如果不注重多样性的一面，就不符合信息时代思想政治教育的内在要求。但如果只注重多样性的一面，就有可能失去思想政治教育的主要功能。因而实行网络思想政治教育多样性与主导性的有机结合，才能体现网络思想政治教育的本质要求。

实现网络思想政治教育多样性与主导性的有机统一，就必须突出网络思想政治教育的主要内容，特别是要把邓小平理论、“三个代表”重要思想和科学发展观作为网络思想政治教育的中心内容，以社会主义、集体主义和爱国主义教育作为网络思想政治教育的主旋律，坚持和维护社会主义意识形态的主导地位。同时，围绕网络思想政治教育的主导性内容发展多样性内容。比如，体现人文精神的教育、科技与创新等方面的教育内容。[65]

2. 世界性和民族性相统一的原则

网络思想政治教育的世界性是指在全球化背景下，网络思想政治教育要面向世界，具有世界眼光，与时俱进，跟上世界向前发展的步伐。网络思想政治教育的民族性是指网络思想政治教育要坚持民族精神、中国特色。坚持世界性与民族性有机统一的原则就是要在网络思想政治教育中把二者有机地结合起来。

互联网对文化的最大贡献，是将全球不同社会形态、不同种族的文化“一网打尽”——实现文化信息的全球一体化。也就是说，人类古今中外的文化精粹都可以汇集到互联网上，展示在全人类面前，供每个人去比较、选择。特别是西方文化在世界文化中占据着重要的地位。我们说西方文明在过去的几个世纪里是一种强势文明，西方文化中有不少科学的、合理的成分，应予以借鉴和吸收。特别是在信息高度发达的今天，借鉴和吸收西方政治文化、精神文化、制度文化的精华，对我国的思想道德建设乃至整个精神文明建设具有重大意义。然而，西方文明并非尽善尽美。西方文化是西方资本主义经济和社会体制的反映，掺杂着许多消极的反科学的、丑恶的东西，因此，我们在借鉴西方文化时，一定要用马克思主义对它们的思想内容和表现方法进行分析、鉴别和批判。中华民族是历史悠久的民族，中国传统文化源远流长。要充分认识到中国传统文化的当代价值，予以维护和继承。积极吸收世界优秀文化的相关成果，充分发挥我国优秀传统文化的作用，是建设中国特色社会主义、开展网络思想政治教育的必由之路，因此，网络思想政治教育要坚持世界性与民族性相统一的原则。

65 韦吉锋.网络思想政治教育研究[M].北京：新华出版社，2005.

3. 虚拟性和现实性相统一的原则

网络思想政治教育的虚拟性是指网络空间的思想政治教育，网络思想政治教育的现实性是指现实物理空间的思想政治教育，坚持虚拟性与现实性相统一的原则，就是要把网络空间的思想教育与现实物理空间的思想教育统一起来。

在网络空间展示着两部分文化，既展示着现实文化，也展示着在现实中尚未出现或不可能出现的事物——虚拟文化。从目前来看，虚拟文化可分为仿真性、超越性、幻想性三类。所谓仿真性虚拟文化，它是根据现实世界的真实物理法则，由计算机网络将其模拟出来的。它虽然现在并不存在，但符合客观规律。超越性虚拟文化也是根据真实的物理法则进行模拟，但所模拟的对象或者用人的五官无法感觉到，或者在日常生活中无法接触到。作为超越性的虚拟文化，可以充分发挥网络主体的认识和探索能力。幻想性的虚拟文化，它可以无视客观的物理法则，把凭空想象出来的东西，用计算机图像、音响等功能变成多媒体作品。作为幻想性的虚拟文化，它给人们带来广阔的想象时空，尽管有时是荒诞不经的，它也促进人的想象和创造力的发展。

利用网络虚拟空间开展思想政治教育，可以增强吸引力、节约成本、提高效益。但是，网络给人们带来的虚拟空间具有不同于物理实在的诸多特征。在这里，人们再也感觉不到习以为常的上下、左右、前后的方位概念，也完全不可能触摸到屏幕内出现的事物，现实内容全部处于虚拟空间中。然而，思想政治教育是以信息的真实性为前提的。在网络虚拟空间的思想政治教育信息，难免给人一种虚而不实的感觉。当人一下网，就又回到现实物理空间，而且人的大部分时间是在物理空间度过的。物理空间的思想政治教育具有真实性、实在性。如果将网络虚拟空间的思想政治教育与现实物理空间的思想政治教育结合起来，必将受到任一空间思想政治教育无法收到的效果。因而，网络空间的思想政治教育要与物理空间的思想政治教育有机地结合起来。

4. 主动性和平等性相统一的原则

网络思想政治教育的主动性是指思想政治教育者在开展网络思想政治教育活动中发挥主动引导的作用，网络思想政治教育的平等性是指思想政治教育者和教育对象在网络环境中都是平等的关系，不存在主客体之分。网络思想政治教育的主动性与平等性有机统一的原则就是要把思想政治教育者与教育对象的平等交流和思想政治教育者的主动引导统一起来。

由于互联网的虚拟性和交互性，使得每个网民之间都是平等的关系，不存在主客体之分。每个网民都可以自由发表自己的观点，但却不能强迫别人接受自己的观点。每个人都可以自由地寻找交流对象，但却不能强迫别人与自己保持交往关系。网民之间的交往和交流完全是基于自愿和平等的原则，这是一个“平等的王国”。由于互联网日益渗透到人们生存的各个领域，且其平等精神具有技术上的保证，可以断言，它对现实社会奉行的权威意识和等级观念将是一次彻底的解构与颠覆。因此网络思想政治教育者绝不能以教育者自居，居高临下，而应以网民的身份，以平等的心态，以交互的方式开展网络思想政治教育。实行平等交流并不意味着思想政治教育者主导作用的丧失，相反，由于网络形式的交互性、隐匿性，网络信息的多元化、复杂性等特征，使得网络世界成为一个“万花筒”，网民成分复杂、网上信息良莠不齐，给思想政治教育带来了困难，如果没有思想政治教育者在网上的主动引导，没有大量正确信息在网上传播，不少人就会陷入不良信息的泥潭。所以，开展网络思想政治教育，需要在平等交流的过程中主动加强引导，做到网络思想政治教育的平等性与主动性的统一。

第三节 高校网络思政教育的功能与意义

一、高校网络思政教育的功能

（一）导向功能

网络思想政治教育的导向功能是指网络思想政治教育对受教育者具有鲜明的方向引导性。导向功能主要是网络思想政治教育目的性、超越性本质的体现，是网络思想政治教育的根本功能，是其他任何教育都无法代替的功能。

网络思想政治教育的导向功能和传统思想政治教育的导向功能一样，都是由思想政治教育的本质属性决定的。任何思想政治教育都是为一定的阶级、政党服务的，没有脱离阶级、政党的思想政治教育。互联网作为一种媒体，它本身没有阶级性，也就是说，网络本身没有导向性。因此，网络思想政治教育的导向功能不是来自互联网。但是，互联网的高度开放性、虚拟性等特性，使网络思想政治教育不仅能够满足教育主体跨时空的需要，而且能够满足教育主体个性化的需要，从而大大地提升了网络思想政治教育的导向功能。

1. 理想信念导向

理想信念导向就是通过网络思想政治教育帮助人们形成正确的理想信念。它具有指向性、稳定性的特点。人们总是根据自己的理想信念所遵循的价值观准则，分析问题、评价事物，选择态度和行为。对符合自己理想信念的各种事物和思想行为给予肯定性评价和选择，对有悖于自己理想信念的各种事物和思想行为，则持否定的态度。因此，理想信念对人们的认识活动和实践活动具有明确的导向性。同时，理想信念作为人们的精神支柱一旦确立，便会产生坚定、持久的力量。[66]

2. 行为规范导向

行为是表现一定思想作风的举止行动。行为规范导向就是网络思想政治教育按照社会道德、法纪的准则和要求进行导向。具体可分为两个层次：一是道德规范导向；二是法纪规范导向。道德规范导向就是通过道德原则、道德规范的教育与自律的方式所进行的行为导向。法纪规范导向就是通过法律法规、党纪政纪、道德规范的教育与自律的方式进行的行为导向。在这两个层次中，道德规范导向是基础，因为任何违法违规行为的发生，从根

66 张耀灿，郑永廷，刘书林，吴潜涛.现代思想政治教育学[M].北京：人民出版社，2001.

本上来说，都是道德缺失所致，由此可见，加强道德规范教育，提高人们的道德素质是何等重要。

3.“热点”问题导向

热点问题导向就是网络思想政治教育要针对当前广大网民关心的问题，按照党和国家的方针、政策和实事求是的原则，朝着有利于问题得到解决的方向进行引导。

矛盾是普遍存在的，不管经济和社会发展到什么程度，都会不断有“热点”问题产生。我国是一个发展中的大国，经济基础还比较薄弱，面临的困难和问题还很多。比如，分配不公的问题、大学生就业的问题以及住房问题、医保问题等。如果对热点问题不及时引导，就会挫伤广大群众的积极性，甚至成为社会的不稳定因素，因而做好“热点”问题导向显得十分紧迫和重要。

（二）互动功能

网络思想政治教育的互动功能是指网络思想政治教育具有使其主体与客体通过网络进行交流的能力。这是网络思想政治教育功能区别传统思想政治教育功能的显著特性。

网络思想政治教育的互动功能来自于网络的交互性特征。网络改变了人们的交流沟通方式。传统的人际传播是“点对点”的“对话式”双向传播。传统媒体的传播是“点对面”的“独自式”的单向传播，教育主客体双方无法随时随地进行双向沟通。而网络媒介为人类传播活动提供了第三种传播形式——电子“交互式”的网络传播。这种传播既综合了人际传播与传统媒体传播的特点与优势，又不是两者简单的整合和延伸，而是一种全新的创造。也就是说，网络媒体既可以是单向传播，也可以是双向甚至是多向传播。

互动能够实现大规模的网络民意调查。通过站点进行民意测验，了解网民对有关重点、热点问题的看法或态度。这样做，使民意的表达更加畅通。从表面上看，这有可能会使信息环境复杂化，因为，一般来说，它会导致各种意见的纷争。但实际上，它只是把过去被掩盖的方面揭示了出来。这样有利于我们掌握真实情况，从而做好思想引导工作。[67]

（三）发散功能

网络思想政治教育的发散功能是指思想政治教育信息通过网络传播而扩大受教育或受影响的范围。

以互联网为媒介的思想政治教育信息具有无限的扩散性。同时，互联网具有等距性，一个人与大洋彼岸和隔墙之邻的距离几乎相等，任何一个网络思想政治教育信息的传播都可以在瞬间完成。此外，网络媒体的易转载、易复制和易检索的特性也加速了网络思想政治教育信息的传播。因此，网络思想政治教育具有无限发散的功能。网络思想政治教育的发散功能主要体现在以下两个方面：

1. 网络思想政治教育打破了国家和地域界限

传统思想政治教育是以地缘、业缘关系为基础的。比如，党的组织关系是按照属地的

67　李超元，等.凝视虚拟世界：网络的社会文化价值[M].天津：天津社会科学院出版社，2004.

原则，有关党的建设和思想政治教育的组织实施，就是以单位或以区域进行的。网络思想政治教育不仅打破了传统的基于地缘、业缘的范围，而且打破了国家的界限，实现了最大范围的国际化。即使远隔千山万水的人，只要轻点鼠标，就能在瞬间互通信息，交流思想，切磋观点。

2. 思想政治教育突破了时间限制

传统思想政治教育主要是以面对面的形式开展的，通过个别谈心、交换意见，可以达到解决个人思想问题的目的。但这种交谈的内容无法广为传播，因而无法解决同类问题，一般只能靠一个一个地去做工作。即使思想政治教育者采用作报告、发材料等形式，但这些方法手段因为会受到场地和时间等因素的制约，其影响范围也是非常有限的。网络思想政治教育由于以网络为媒介，不受时间的限制，无论白天、晚上，任何时间段都可以进行，因而可以迅速而广泛地传播。[68]

（四）持续功能

网络思想政治教育的持续功能是指网络思想政治教育信息可以长久地发挥效能。传统思想政治教育由于一般都是直接的、面对面的交流，因而具有很强的时效性，网络思想政治教育的持续功能主要体现在以下几个方面：

1. 网络思想政治教育信息具有可存储性

传统思想政治教育信息虽然也可以存储，但由于受场地、技术等条件的限制而具有较大的制约性。而网络上的大量信息可以根据需要进行保存，其存储量不受“场地”的限制。还可以通过建立强大的数据库来实现思想政治教育信息的查询和检索。

2. 网络思想政治教育信息具有易复制性

传统思想政治教育信息通过其他媒介可以复制，但这种复制非常有限。网络思想政治教育是以网络为载体，网络上的信息的存在形式都是数字化、虚拟化的，即以比特形式存在的，比特没有重量，易于复制，可以以光速传播。而且由于网络信息以比特形式存在，这样就使包括文字、声音、图像、动画、视频等在内的多媒体在网络上实现了质的统一，都易于复制。[69] 因此，网络思想政治教育信息可以在更大范围内更持久地发挥作用。

（五）替代功能

网络思想政治教育的替代功能是指通过智能网络部分顶替教育主体的作用。传统思想政治教育通常表现为教育者与受教育者的直接性，教育活动的每一个过程和环节都需要由教育主体来运作。而网络思想政治教育由于网络的智能性，使许多本由教育主体来完成的任务由智能网络来完成。网络思想政治教育的替代功能主要体现在以下两个方面：

68 韦吉峰.网络思想政治教育研究[M].北京：新华出版社，2005.

69 常晋芳.网络哲学引论——网络时代人类存在方式的变革.广州：广东人民出版社，2005年.

1. 网络思想政治教育信息的检索性

网络思想政治教育信息的检索性是因为计算机具有十分强大的存储、记忆能力和运算能力，还因为网络提供了一种称为搜索引擎的系统。它们有各种名字，日日夜夜在万维网上巡行，调查它们发现的每个着重显示的词，把它们发现的所在地址存储到一个庞大的索引之中。

2. 网络思想政治教育信息的提示性

智能网络不仅可以快速、准确地检索思想政治教育信息，它还可以根据教育主体的需要来具体应用储存的数据，例如，特定数据的选取、分类、对比，特定数据的提醒、警示，特定事项、日期的提示等。

二、高校网络思政教育的意义

中国特色社会主义高等教育始终把人才培养作为根本任务，把思想政治教育摆在首要位置。加强新形势下高校网络思想政治教育，既具有深刻的政治意义，又具有鲜明的时代意义。

（一）维护大学生的身心健康发展

随着网络在校园的迅速普及，网络的双重性也日益明显。网络以其开放性、广泛性和跨时空性为高校思想政治教育提供了便利快捷的服务手段，拓展了师生交流的方式，提升了大学生精神生活的质量和品位。同时，网络特性所带来的一些负面效应也影响着大学生的学习和生活。网络的虚拟性使一些大学生在摆脱了现实社会的伦理束缚后，变得过度放纵导致了大学生诚信缺失，责任感弱化。严重的甚至沉迷于网络世界、网络游戏，完全脱离现实，严重影响了学业和身体。由于缺乏完善的网络监控技术，网络上的色情、暴力、恶性信息等也严重侵蚀着大学生的身心健康，这些不良现象都呼唤着高校网络思想政治教育工作强有力的措施和手段。因此加强网络思想政治教育，有利于培养大学生高尚的道德情操和正确的人生观、价值观、世界观，增强大学生的责任感和自觉与不良倾向作斗争的能力。

（二）促进以德树人教育任务的开展

加强网络思想政治教育有利于实现立德树人这一教育根本任务。高校人才培养的首要任务是德育培养，立德树人是高校教育的根本任务。在德育培养的过程中，要不断探索立德树人的新途径，在了解社会动态的基础上使高校德育培养的内容和手段不断更新。在发挥传统的思想政治理论课和思想政治教育主渠道的同时发挥网络的优势。利用网络的交流手段坚持不懈、潜移默化地感染学生。借助校园网络时效性强、亲和力强的特点，让校园网成为高校德育培养的新园地，让德育培养在网络的土壤上开出新的花朵。

（三）维护社会稳定

社会稳定是一个国家长治久安、不断向前发展的前提。大学生要珍惜来之不易的安定团结的政治局面，成为维护社会安定稳定的积极力量。然而，网络的无界性为一些不利于安定团结的因素提供了发挥的场所。一些“黑色信息”和“网络黑客”不时地在网上散布虚假、制造混乱的信息。一些外来的敌对势力捕捉到一个正常的社会事件，就在网上小题大做，颠倒黑白，无中生有，企图挑动社会情绪造成社会混乱，破坏我国政治经济的正常发展。大学生涉世不深，思想单纯，辨别力较弱，很容易被这些处心积虑的反动势力所利用。而且，高校里极少数计算机水平超高的学生，因为缺乏法律意识，充当“黑客”，冲击国家内部网络“禁区”，也给国家造成了一定的危害。因此，加强高校网络思想政治教育，能提高学生政治觉悟，坚定政治信仰，提升法制意识，为社会的长治久安提供强有力的保障。

第三章　高校网络思政教育的主体与客体

从哲学认识论中，我们可以了解到关于思想政治教育的主客体概念，其概念是通过受教育者的思想发展变化和实际教育过程中充分发挥其主体性的反思而总结的。也就是说，这种概念能够清晰表达思想政治教育中的教育者和受教育者相互作用的情景和相互转化的性质。迄今为止，学术界对于高校思想政治教育问题的研究与探索高度重视，并提出多种不同的学术观点，总体来看，对于高校思想政治教育的主客体，尤其是网络思想政治教育的主客体的认识是不断深化的。

第一节　高校网络思政教育的主客体关系学说

一、主体客体说

这种学说认为在高校网络思想政治教育过程中的主体是思想政治的教育者，客体则是受教育者。在教育过程中，主体是活动的发动者，客体受主体教育的影响，发挥主观能动性，在一定范围内和方向上发挥作用，是一种单向作用，视教育过程为“授—受”过程，视教育者与受教育者之间的关系为“权威—服从”关系。

“主体客体说”有利于发挥教育者的作用，主要原因是这一学说坚持了教育管理主体的一元论，从而在教育过程中确定了教育者的主体地位和作用。也因此片面地强调主体的权威性，将主体的主导作用绝对化，把客体看成是认识、实践、教育的对象，从而忽略了受教育者的主观能动作用，这种结果最终导致客体的主动性被否定，使教育效果弱化。

二、双主体说

“双主体说”有两种说法，主要内容是：

（1）教育过程中，教育者与受教育者是互为主客体的关系，从施教过程来看，教育者是主体，客体是受教育者，从受教育过程来看，主体是受教育者，教育者则是客体。

（2）教育过程中，教育者与受教育者都是主体，这一说法符合哲学认识论中关于主体的界定，也就是说双方在一定社会关系中都是以一种有目的、有意识的在从事认识活动、实践活动的现实的人。因此，两者都是教育过程中的主体。

“双主体说”从理论上我们了解到，受教育者在教育过程中能够发挥主动作用，受教育者的地位有所提高，这对于高校网络思想政治教育者的积极性具有重要的意义。但是，从一定程度上来说，“双主体说”是一种相对主体说，它混淆了主客体的基本概念，有泛主体化倾向；混淆了受教育者进行自我教育时的主体作用和接受教育时的主动作用的界限。

实践过程中，“双主体说”把主客体放在同等位置对待，淡化了思想政治教育主体的责任意识，因为教育者是受国家委托承担对受教育者进行思想政治教育的任务，思想政治教育者代表一种责任和使命。在教育过程中能否达到预期目的，虽然受教育者起着重要作用，但主要取决于思想政治教育者主体作用的发挥程度。“双主体说”模糊了教育者的责任意识，与此同时，把思想政治教育过程变成了两个主体，使得思想政治教育者的地位和作用得到了降低。

三、主体间性说

“主体间性说”又称“主体际说”。此说主要有两种说法：一种说法认为“两种关系”的统一，即一种关系是思想政治教育的主体包括教育者与受教育者两方面，二者构成了“主体—主体”的关系；另一种关系是受教育者与教育者二者都是思想政治教育的主体，是复数的主体，他们把教育资料作为共同客体，与教育资料构成“主体—客体”的关系。[70]另一种说法认为思想政治教育过程是在教育者与受教育者互动交往过程中，通过“主体—客体—主体”的转化过程实现的，教育者和受教育者在这个转化过程中结成“主体—主体”的关系，即一种主体间的关系。在接受教育过程中，受教育者由客体转化为主体，与教育者构成“主体—主体”的关系。

“主体间性说”确立了在思想政治教育过程中受教育者的地位和作用，对于受教育者能动作用的发挥具有一定的积极作用。但是，它抹杀了受教育者主体和教育者主体之间的区别，不利于教育者主导作用的发挥，从而在一定程度上弱化了思想政治教育的效果。

这里，“主体间性说”对于客体的表述值得商榷：主体间性的客体是教育资料。主体与客体从哲学认识论来看是构成认识过程的一对矛盾，但是“主体间性说”中所揭示的教育者主体与教育资料客体的矛盾并不是思想政治教育中的主要矛盾，受教育者主体与教育资料客体的矛盾也很难被理解为是教育过程的主要矛盾，教育过程的主要矛盾应该指向受教育者及其思想认识。

上述一系列学说生动地描绘了教育理念由传统到现代的发展历程，阐释了在教育过程中受教育者由被动到主动再到与教育者平等对话、积极参与教育活动的教育思想的深刻变革。尽管各个学说仍在不同程度上存在缺陷与不足，但其中所蕴含的对受教育者主体价值的认识与尊重应充分肯定，折射出思想的发展、时代的进步、主体的觉醒。[71]主体间性说从网络思想政治教育角度来看是基本符合网络思想政治教育实际的，我们可以从以下两个

70　张耀灿.思想政治教育学前沿[M].北京：人民出版社，2006.

71　戴艳军，董正华.思想政治教育主客体研究述评[J].教学与研究，2011（11）.

方面对此进行分析。一是从网络思想政治教育活动中存在的几种关系来分析：在网络思想政治教育活动中，主要存在着教师与学生之间的关系，学生与学生之间的关系，教师与教师之间的关系，学生或教师的自我关系，学生、教师与教育资料之间的关系。在这些关系中，我们怎样理解学生对学生的教育？怎样理解学生的自我教育？怎样理解学生对教师的教育？对此，“主体客体说”“双主体说”等学说都不能回答这些问题，我们只有从“主体间性说”才能获得解释，一般情况下，教师的主体性要比学生的主体性稍微强一些。二是从网络的特征来分析：网络具有虚拟性、交互性等鲜明特征，网络思想政治教育活动通过不断互动达到升华，没有交互的另一方，交互就不存在，而且交互在虚拟的环境中不受地位、身份等特征的影响，是一种平等的交互，通过交互达到彼此心灵的沟通，因此，从网络的特征来看，也只能是主体性间性。

第二节　高校网络思政教育的主体和客体属性

属性指事物本身所固有的性质。属性是物质必然的、不可分离的本性，又是事物的某个方面质的表现，即一事物和他事物发生联系时表现出来的质。具有相同属性的事物组成相同的事物的类，具有不同属性的事物组成不同的事物的类。正因如此，属性可以分为两个方面，这两个方面就是共有属性和特有属性。在事物的许多属性中都存在本质属性和非本质属性的区别。本质属性体现该事物的基本特征，并以此与其他事物相区别。非本质属性虽然也是该事物的特征之一，但并不体现事物的基本特征。网络思想政治教育主体、客体各自所具有的性质又被称之为网络思想政治教育主客体属性。正确认识和把握网络思想政治教育主客体属性，对于我们深化对网络思想政治教育的认识，推动网络思想政治教育的深入发展具有一定的积极作用。

我们要了解网络思想政治教育主体和客体的属性，首先要了解什么是网络思想政治教育的主体和客体。下面，我们从主体和客体的内涵分析入手，系统地探讨网络思想政治教育的主体和客体及其相关的中介的内涵。

一、网络思想政治教育主体和客体的内涵

网络思想政治教育的主体和客体是复杂多变的，有时甚至是模糊不清的。我们只有在把握主体和客体两个基本概念的基础上，才有可能对网络思想政治教育的主体和客体进行深入的了解。

（一）主体和客体的内涵分析

哲学的基本范畴是主体和客体。所谓的主体其实就是指认识活动和实践活动的行为者；客体指主体实践活动和认识活动的对象。我们从客体、主体概念的内涵出发，可以做

出以下阐释：

1. 只有人才能够成为主体

因为只有人才是真正的认识者、实践者。但这个“人”必须从广义来理解，即包括人的各种社会集合形式，如集团主体、个人主体、社会主体等。值得指出的是，并非所有的人都能成为主体，主体应是具有自觉能动性、意识性和社会历史性的现实的人。

2. 客体是主体活动所指向的对象

客体可以分为社会客体、自然客体以及以物质载体、物质形式表现出来的精神客体，还包括主体的对象性活动和作为认识、改造对象的认识。因为人类的活动不仅向着人以外的世界，而且向着人类自身，即人类也是自我认识、自我改造、自我满足和自我实现的对象。在社会内部，不仅人和人总要互为主客体，而且每一个人也都有“自我主客”关系。所以人总是既为主体又为客体，人是具体主客体的统一。[72]

3. 主体和客体是具体的、相对的

在人的任何认识活动、实践活动中，作为实践活动、认识活动的人是主体；而作为实践活动、认识活动对象的世界、事物和人是客体。但是，主体和客体是随着相互关系的变化而逐步发生变化的。这一点在传统思想政治教育中是常见的现象，由于网络具有交互性等特征，所以，主体和客体在网络思想政治教育中，也是处于不断的变化中的。

主体、客体是一对“关系”范畴，并不是实体范畴。主体、客体这对概念，仅仅是指作为人类实践活动两端的实体在这一对象关系中的地位，并不包含关系和地位以外的含义。它们的划分和确定，也只有在这种关系中才能成立。这就是说，主体不是由活动发起方单方面规定的，同时也受活动对象的规定。指向并作用于对象的人还不是主体，只有对象同时也作用于他，即相互作用，他才能成为主体。不论是“人—物”还是“人—人”构成活动的两极，都是如此。[73] 同样，客体也不是单方面规定的，同时受活动主体的规定。因此，一方面不能离开一定的关系范畴和层次来谈论具体的主体和客体，不能把它们同仅在“实体”或“属性”意义上使用的其他概念混同起来。犹如“丈夫”和“妻子”，他们固然分别代表着一定身份的男士和一定身份的女士，却不能因此离开了婚姻关系，而把男士一律叫“丈夫”，把女士一律叫“妻子”一样。另一方面，不能设想没有主体的客体和没有客体的主体，正像没有对手的竞赛不是竞赛，既没有胜者也没有败者一样。[74]

（二）网络思想政治教育的主体

根据主体的定义，网络思想政治教育主体是指网络思想政治教育活动的行为者。我们可以从以下几个方面理解网络思想政治教育的主体：

1. 网络思想政治教育者和受教育者都是主体

教育者在网络思想政治教育活动中作为实践活动和认识活动的行动者，其实践活动和

72　李德顺.价值论[M].北京：中国人民大学出版社，2007.

73　王道俊，郭文安.主体教育论[M].北京：人民教育出版社，2005.

74　李德顺.价值论[M].北京：中国人民大学出版社，2007.

认识活动主要包括下列内容：一是对教育对象的认识，了解教育对象的特点和要解决的思想政治教育方面的问题；二是根据教育对象的需要提供网络思想政治教育信息内容，为教育对象提供选择；三是对网络的认识，了解网络的功能特征、本质属性，掌握网络工具的使用方法，在此基础上，科学设计实施教育的具体方式方法。受教育者之所以在网络思想政治教育活动中也是主体，是因为受教育者也是实践活动和认识活动的行为者。受教育者在思想政治教育中的实践活动和认识活动主要包括以下几个方面：一是对自我的认识，通过自我反思，认识一个真实的自我；二是对网络思想政治教育信息内容的认识，并根据自身需要进行自主选择；三是对网络的认识，了解网络的本质属性，尤其是要了解网络交互工具的使用。此外，受教育者在与教育者的交互活动中，受教育者往往也有对教育者的认识问题。从上述网络思想政治教育的实践活动和认识活动来看，网络思想政治受教育者和教育者都是主体。

2. 网络思想政治教育者和受教育者是两类不同的主体

教育者和受教育者在网络思想政治教育活动中都是主体，那么，他们之间有没有区别呢？回答是肯定的，教育者作为主体与受教育者作为主体具有重大差别。虽然教育者和受教育者都有一个对网络和网络思想政治教育信息内容的认识问题，但是，教育者是教育活动的发起方，他认识受教育者，是为了教育受教育者，对网络思想政治教育信息内容起着主导作用，他规定着网络思想政治教育信息内容发布的具体时间、内容、方式等，受教育者不同，他不是有意识地将教育者作为教育对象，也不是以教育者的身份参加教育活动的[75]，受教育者往往是根据教育者提供的信息内容，从自己的需要出发，有选择地吸收网络思想政治教育信息内容。受教育者在这个过程中主要体现的是一种自主选择性，因此，受教育者对网络思想政治教育信息内容的吸收在一定程度上受到了教育者的支配和制约，教育者和受教育者的主体地位并不是完全等同的，正因如此，网络思想政治教育者和受教育者是两类不同的主体。正是教育者的这种引导和主导作用，不断地提升了受教育者的思想政治水平。

3. 智能网络成为网络思想政治教育主体的有机组成部分

互联网的智能功能在于计算机技术与网络技术、通信技术等信息技术的“联姻”。计算机的记忆能力、存储能力和运算能力十分强大，从而使互联网成为一个智能网络，使人们获取信息的能力、识别和评价信息的能力、加工处理信息的能力、创造传递信息的能力都在迅速提高。网络的“智能”随着计算机技术以及相关技术的不断发展还会不断地上升。因此，智能网络具有主体的品格。网络思想政治教育主体在网络思想政治教育活动中实际上是一个由人—机构成的系统。换句话说，智能网络成为网络思想政治教育主体的一个重要有机组成部分。在网络思想政治教育中，网络的智能得到了充分的体现，尤其是使许多本由人来完成的任务由智能网络来完成，例如，对思想政治教育信息的快速检索、有关问题的提示、某些问题的咨询等。

75　王道俊，郭文安.主体教育论[M].北京：人民教育出版社，2005.

（三）网络思想政治教育的客体

根据客体的定义，网络思想政治教育客体是指网络思想政治教育活动的行为对象。网络思想政治教育客体既可以是其主体交往的对象（指他人，作为主客体的人互为对象、互为主体），也可以是网络思想政治教育的中介系统（网络工具和思想政治教育信息）。因为网络思想政治教育中介系统也是网络思想政治教育主体实践活动和认识活动的对象。因此，我们对网络思想政治教育客体可以从以下几方面来理解：

1. 网络思想政治教育者和受教育者互为客体

教育者和受教育者在网络思想政治教育活动中都以主体身份积极进行实践活动和认识活动，充分体现了其主体性。但是，受教育者和教育者又是一个关系范畴，当教育者把受教育者作为认识和实践对象时，教育者是主体，受教育者是客体；当受教育者把教育者作为认识和实践对象时，受教育者是主体，教育者便成了客体。

2. 智能网络是客体

网络思想政治教育是以智能网络为媒介的，智能网络发挥着一种特殊的作用。在网络思想政治教育活动中，教育者和受教育者都要把智能网络作为自己认识的首要对象。通过对智能网络的认识，教育者选择发布网络思想政治教育信息内容的方式和方法；受教育者通过对智能网络的认识，选择获取网络思想政治教育信息内容的方式和方法。

3. 网络思想政治教育者和受教育者自我认识时本身是客体

从方式上看，网络思想政治教育主要是为受教育者提供信息内容，受教育者对信息内容的选择是一种自主的选择，通常情况下，受教育者在这个选择过程中要进行自我反思，即自我认识，受教育者本身在这个时候就成为了认识的对象，即成为了客体，这时的主客体是同一的。

由以上可以看出，网络思想政治教育客体不是单一的，它可以是信息内容，也可以是网络媒介，甚至可以是人。学者黄欣祥在《论教育主客体关系》一文中[76]称内容、方法、手段等为教育影响，他认为主体和客体不能直接发生作用，而只能是间接地发生作用，即通过教育影响来发生作用。笔者认为换个说法，即方法、内容、手段就是客体，也是主体认识和实践的对象。但是，我们应该明确，网络思想政治教育的主要客体是人，是被主体认识和实践着的人（即客体的主要方面是人），主体把内容、方法、手段作为认识和实践的对象，其目的在于认识和实践人这个客体。

除此之外，网络思想政治教育的客体也可以是信息。因为网络思想政治教育信息也是教育者和受教育者共同认识的对象，当它作为主体认识的对象时就是客体，当它作为媒介时就是中介。从网络思想政治教育的过程来看，通常情况下，网络思想政治教育信息首先表现为客体，然后才表现为中介，因为只有当网络思想政治教育主体对网络思想教育信息有所认识后，网络思想政治教育信息的中介作用才能够得以充分发挥。

76 王道俊，郭文安.主体教育论[M].北京：人民教育出版社，2005.

综上所述，我们认为，就网络思想政治教育主体的内涵来说，主要包括以下几个方面：一是受教育者和教育者都是实践活动、认识活动的主体，都体现了很强的主体性；二是教育者主体与受教育者主体的地位是不相同的，教育者主体对受教育者主体具有主导性；三是教育主体并不是始终如一的主体，具有很强的交互性，在实践活动和认识活动的过程中，受教育者和教育者的地位并不是一成不变的，它是逐步发生转换的。

（四）网络思想政治教育的中介

中介就是所谓的媒介，指在不同事物或同一事物内部不同要素之间起间接联系作用的人或事物。“媒介”的英文为“media”，从词源上看，拉丁语中的媒介（medius）意指“处于中间”“一般的”“不偏不倚的”。[77] 中介在事物的发展过程中主要表现为事物转化或发展序列的中间阶段或环节。网络思想政治教育中介是指联系网络思想政治教育主体与其客体的思想政治教育信息和网络工具。在这里，值得指出的是，网络思想政治教育客体与其中介的界限非常模糊。

1. 网络思想政治教育信息

“信息”的英文为“information”，从词源上看它具有“告之”和“赋予形式”的含义。在中文里，包括了音讯、讯息、消息、通信、情报、通知等内涵。现代信息概念出现于20世纪早期，萌芽于控制论和系统论之中，对它的解释基本来自自然科学概念。美国数学家诺伯特·维纳认为，信息就是信息，它不是物质，也不是能量，进而他将信息界定为与物质和能量并列的人类生存所需要的三大基本资源之一。克劳德·香农（信息论的开创者，美国数学家）认为，信息是熵的减少。此处的“熵”（entropy）是不确定性的度量，即信息是用来减少不确定性的东西。[78]

我们之所以把信息作为网络思想政治教育的中介，是因为信息是建立网络思想政治教育主客体关系的桥梁和纽带，网络思想政治教育主体对网络思想政治教育客体的把握和在其客体中的行为都是通过信息的传播、创造、消费和获取而完成的；而网络思想政治教育客体对于网络思想政治教育主体而言的价值并不在于其实体形态，而在于它是传播、创作、消费和获取信息的载体和工具。[79]

2. 网络工具

网络工具是网络思想政治教育主体和其客体联系的桥梁和纽带，在网络思想政治教育活动中，起着至关重要的作用。可以说，一切网络思想政治教育活动如果没有网络工具就会流于形式。对于网络工具，有两点值得大家注意：一是网络工具是智能网络的重要组成部分，它往往扮演着双重角色，既扮演中介，又扮演客体，也正因如此，使得网络思想政治教育的客体及其中介的界限模糊。二是网络工具随着网络信息技术的迅猛发展会逐步增多，网络信息终端将无处不在。

77 陆扬.文化研究概论[M].上海：复旦大学出版社，2008.

78 陆扬.文化研究概论[M].上海：复旦大学出版社，2008.

79 常晋芳.网络哲学引论——网络时代人类存在方式的变革[M].广州：广东人民出版社，2005.

二、网络思想政治教育主体的属性

传统思想政治教育主体与网络思想政治教育主体之间既有联系，又有区别，因此，网络思想政治教育主体既有思想政治教育主体的共有属性，又具有其特殊属性。

（一）思想政治教育主体的共有属性

思想政治教育主体的共有属性是指包括网络思想政治教育主体在内的所有思想政治教育主体共有的属性，主要表现为自主性、能动性、自为性和创造性。

1. 能动性

能动性是指在社会实践中，人表现出来的改造世界和认识世界的特性。“能动性是人的主体性的基本内涵，也是主体性最基本的特征。它表明，人在现实中并不是单纯受制于外物或他人作用的被动存在，而是能意识到自己与外物的主客体关系并以此来反求和确证自我，由此实现主体目的，确定自己的主体地位。”[80] 在网络空间，由于思想政治教育主体不受时空的限制，也不受身份等特征的影响，因而可以将自身的能动作用充分地发挥出来。

2. 自主性

“自主性是指在一定的条件下，个人对于自己的活动具有支配和控制的特性，它是主体性的核心。自主性表明主体对于影响和制约它的存在与发展的主客观因素有了独立、自由、自决和自控的权利和可能。”[81] 主体的真实身份在网络空间被虚拟化了，不再有现实社会中的那种压力，因而主体完全是根据自己的需要，自主地选择思想政治教育信息内容。

3. 创造性

创造性是指人具有超越现实的特性，它是能动性的发展，换句话说，是能动性的最高表现。人对外部感性世界、自然界的掌握和依赖，并不是简单把其中的自在的现成的事物拿来，而是通过创造性活动在适合于人的需要的形式上创造具有满足人的生存和发展需要的价值的对象和对象世界，所以从本质上来说，人作为主体所从事的能动的、自主的活动，其实就是一种创造性活动。创造性使人的主体性得以最高的实现，同时强化了人的主人身份，使之成为真正的主体。网络是一个虚拟的空间，为主体的创造性活动提供了条件，尤其是虚拟现实技术与网络技术的有机结合，使得主体不仅可以进行客观现实存在的再现虚拟，更为重要的是能够进行超客观现实存在的虚拟。

4. 自为性

“自为性是指人具有自觉地改造、完善自身的特性。自为性是主体活动的最终目的，人的一切活动归根结底都是为了满足人的需要，而人的最高需要就是人本身的完善，即成为自由自觉的、全面发展的人。”[82] 互联网具有交互性和开放性等特性，使主体可以进行广

80　王东莉.德育人文关怀论[M].北京：中国社会科学出版社，2005.

81　王东莉.德育人文关怀论[M].北京：中国社会科学出版社，2005.

82　王东莉.德育人文关怀论[M].北京：中国社会科学出版社，2005.

泛的交往，主体通过交往又更好地认识自身，从而不断地完善自身存在的不足。

（二）网络思想政治教育主体的特殊属性

网络思想政治教育主体的特殊属性是指其他主体不具有，而网络思想政治教育主体所特有的属性，主要表现为脆弱性和多面性等。

1. 多面性

多面性是指网络思想政治教育主体具有表现各种不同人格的特性。多面性是网络思想政治教育主体一个突出的特性。网络思想政治教育主体的虚拟性决定了网络思想政治教育的主体性，由于主体是虚拟的，它不受任何物理特征的限制，因而主体可以根据自身的实际需要，扮演不同的角色。

2. 脆弱性

所谓的脆弱性是指网络思想政治教育主体具有不稳定的特性。脆弱性是网络思想政治教育主体又一重要特性。网络思想政治教育主体的脆弱性主要表现为网络思想政治教育的主体可以在瞬间发生变化，也可以在瞬间消失掉。网络思想政治教育主体的脆弱性根源在于：一是主体的虚拟性，当人一下网，主体即刻消失。二是主体的复合性，由于主体是一个由人与计算机网络构成的统一体，受着计算机网络的制约，任何导致计算机网络故障的因素都可能导致主体的毁灭。

三、网络思想政治教育客体的属性

前面已经对网络思想政治教育客体进行了讨论：网络思想政治教育的客体既可以是受教育者也可以是教育者，智能网络可以是客体，网络思想政治教育信息可以是客体，因为它们都可以成为网络思想政治教育主体认识活动的对象。由此可见，网络思想政治教育并不是一成不变的，它是瞬息变化的，网络思想政治教育客体是复杂多变的，不同的网络思想政治教育客体其属性也是不同的，因而，对网络思想政治教育客体属性的认识也不能一概而论。

作为网络思想政治教育客体，教育者和受教育者的属性主要体现在虚拟人的属性（此前对此已经做过一些探讨），同样具有网络思想政治教育主体的特殊属性，即脆弱性和多面性。网络思想政治教育的教育者和受教育者作为网络思想政治教育的客体，它与网络思想这种教育主体相比较，具有受动性。虽然它对网络思想政治教育信息的选择是自主的选择，但这种选择是在教育主体提供的信息范围内的选择，具有一定的局限性；它与传统思想政治教育客体相比较，具有平等性。教育主体和教育客体在传统思想政治教育中都表现为身份的不平等性。而在网络思想政治教育中，由于互联网的虚拟性，使教育主体和教育客体的身份不复存在，与此同时，由于互联网的交互性，使受教育者和教育者完全可以对等交流，“平起平坐”。

作为网络思想政治教育客体的属性，智能网络主要表现为属人性，即表现出一定的类似于人作为客体时的属性。之所以智能网络作为网络思想政治教育客体时表现出属人性，其根源在于智能网络是一个由高速运转并模仿人类思维的计算机与互联网结合而成的，具有人的品格，当它作为主体的认识对象时，就表现出属人性。

信息虽然可以成为网络思想政治教育主体认识的对象即客体，但它主要表现为一种中介。当它作为网络思想政治教育的中介和客体的时候，其基本属性是相同的，如都具有过程性、共享性、属人性等，在此，对它的客体属性不予具体讨论。

第三节　高校网络思政教育主客体间关系的转化

网络思想政治教育的目的，就是要促使受教育者向教育者所要求的方向转化，但这个转化是受教育者和教育者之间互动的结果，并不能够由受教育者单方面完成，它是在一定条件下的反复过程。

一、网络思想政治教育主客体关系转化的内涵

网络思想政治教育主客体关系是指网络思想政治教育主体与其客体所构成的关系，这种关系与传统思想政治教育主客体关系相比，更为复杂多变。从现象上看，互联网似乎只是把计算机和计算机有机地连接在一起，而计算机与计算机之间的联系表现为网上信息的形式，然而，网上的任何信息，都是来自于操纵计算机的主体——人。从这个意义来说，互联网所实现的就不是人与网的认识关系，而是人与人的认识关系，是一种新型的双向互动关系。[83] 因此，网络思想政治教育主客体关系的内涵是多元的，它不仅包含了人与计算机网络的认识关系，更重要的是包含了人与人的认识关系。

网络思想政治教育主客体关系不是固定不变的，它随着网络思想政治教育活动方式的不同而有所不同。通常情况下，网络思想政治教育通过以下三种方式开展教育活动：一是他人教育。这里是指教育者通过网络手段对受教育者实施教育，比如，电子邮件、教育者通过QQ、微博、博客等网络工具对受教育者进行教育。二是自我教育。这里是指受教育者根据自身的需要，自主选择网络思想政治教育信息进行教育。三是他人教育和自我教育的结合。在这种方式中，又分为两种情况，这两种情况就是以他人教育为主的方式和以自我教育为主的方式。不同的教育方式，其教育的主客体关系是不同的。在第一种方式中，主客体关系主要表现为教育者和受教育者的关系，信息内容和网络虽然也与教育者和受教育者构成主客体关系，但不是主要的关系；在第二种教育方式中，主客体关系主要表现为受教育者和信息内容、网络的关系；在第三种教育方式中，情况更为复杂，既包含了教育者和受教育者的关系，也包含了教育者和受教育者与信息内容、网络的关系。因此，应根据网络思想政治教育的不同方式，具体地分析主客体的关系。

83　常晋芳.网络哲学引论——网络时代人类存在方式的变革[M].广州：广东人民出版社，2005.

网络思想政治教育主体认识和实践的对象是人，因而，网络思想政治教育主客体关系主要是教育者和受教育者的关系，为避免网络思想政治教育主客体关系的复杂性，故本书所指主客体关系是教育者与受教育者的关系，这里的教育者和受教育者包括个人和群体或组织。值得指出的是，网络思想政治教育的教育者与受教育者角色不是固定不变的，他们彼此作为自己认识的对象，他们在网络条件下享有平等交流、沟通的权利，他们既是网络思想政治教育的主体，又是网络思想政治教育的客体。

网络思想政治教育主客体关系转化是一个双向的互动过程，即网络思想政治教育主体客体化过程和网络思想政治教育客体主体化过程。所谓网络思想政治教育主体客体化，是指网络思想政治教育客体以其自在规定性限制、影响、改变和制约网络思想政治教育主体，网络思想政治教育客体在网络思想政治教育主体身上实现自己、映现自己。网络思想政治教育主体在网络思想政治教育主体客体化的过程中，越来越带上网络思想政治教育客体所赋予的特征。网络思想政治教育客体主体化，是指网络思想政治教育主体作用于网络思想政治教育客体的内容和效果，是网络思想政治教育主体的特征、本性、尺度显现于客体。网络思想政治教育主体在网络思想政治教育客体主体化的过程中依据自己的尺度，影响和改造网络思想政治教育客体，在网络思想政治教育客体身上显现和直观自己的本质或“本质力量”，使网络思想政治教育客体越来越具有网络思想政治教育主体所赋予的特征。

二、网络思想政治教育主客体关系转化的条件

网络思想政治教育主客体关系的转化是需要主体条件、客体条件和中介条件等多方面的条件共同实现的，其中，网络思想政治教育主客体条件是最重要的条件，他们在转化过程中起着主导的作用。

（一）网络思想政治教育主客体条件

网络思想政治教育主客体条件主要是指受教育者与教育者的态度及其能力。影响教育者态度的主要因素是教育者对受教育者地位的认识。如果教育者把受教育者视为教育实践过程中的被改造者、被加工者，处于一种客体地位，那么，就难以发挥受教育者的能动性，使教育活动变成教育者单方面的活动，这时教育者与受教育者之间的主客体关系就不可能形成或形成得不完全；如果教育者认为，受教育者是教育活动的主体，他就会千方百计地将受教育者参与教育活动的积极性激发出来，这时受教育者与教育者之间就可能形成主客体关系。教育者的态度对主客体关系的形成往往具有决定性作用，但不是唯一的，还与受教育者的态度有关。主要由两个因素对受教育者的态度产生影响：一是受教育者是否有这种教育内容的需求。“需求是人觉得需要即缺乏某种东西的那种感受。这种需要的感受，引起人的相应的欲望、意图并促使进行活动。”[84]这种需求是决定受教育者态度的根本方面，因为在网络虚拟环境里，受教育者对思想政治教育信息的选择是一种高度自主的选择，他完全从自己的需要出发，当他认为有这种需要时就会选择，认为没有这种需要时就会逃之

84　王道俊，郭文安.主体教育论[M].北京：人民教育出版社，2005.

夭夭。二是教育者对受教育者的态度。教育者的态度虽然不能决定受教育者的态度，但对受教育者的积极性的发挥却有着直接的影响。这里所指教育者的态度包括教育者对受教育者的态度和教育者对整个教育活动的态度。如果教育者能够尊重受教育者的主体地位，首先否定自己的主体地位，使自己成为受教育者认识的客体，那么，受教育者就会感到被尊重，就有可能积极参与到教育活动中来，反之亦然。教育者对教育活动的态度主要是指对活动的组织是否认真，态度是否积极等。

网络思想政治教育主客体关系是否发生不仅取决于教育者和受教育者的态度，而且在很大程度上取决于教育者和受教育者的能力，只有教育者和受教育者都具备相应的能力，其主客体关系才可能发生。能力一般是指个人的综合素质在实践中的外在表现，是一个由多种因素有机结合而成的复杂系统，有其内在结构，即人的能力的全面性与系统性。这里的全面性是指包括各种能力要素，系统性是指各种能力的组成方式。现代人的能力结构，主要是指现代人的智能结构，主要由学习能力、实践能力和创新能力等层面构成。网络思想政治教育主客体关系发生所需要的能力主要是指虚拟学习能力、虚拟实践能力和虚拟创新能力。虚拟学习能力是指基于互联网络和数字化资源进行学习的能力，主要包括网络文本阅读能力、网络信息选择能力等方面；虚拟实践能力是指基于互联网络和数字化手段进行有目的的感性活动的能力，主要包括计算机网络工具使用能力、网络语言表达能力等方面；虚拟创新能力是指基于互联网络和数字化手段进行改造和超越现实存在的能力，主要包括网络知识创新能力、网络工具使用技术创新能力等方面。由于网络思想政治教育具有实践性、技术性强的突出特点，因此，虚拟实践能力是网络思想政治教育主客体关系发生所需要的主要能力。这里，还需要指出的是，在能力因素中，智能网络是一个重要的因素，它起两方面的作用：一是载体的作用，即传播知识和技术；二是“孵化器”的作用，各种能力以网络为土壤“生长”出来，因而智能网络也成为主体能力构成的要素之一。

（二）网络思想政治教育中介条件

作为“实践—认识”结构的两极，网络思想政治教育的主体和客体之间是需要一定的条件才能够实现相互转化、相互联系，没有这些中介条件，就不会存在主体与客体的联系，也就不可能发生彼此之间的转化。网络思想政治教育中介条件主要包括网络思想政治教育信息、互联网络和网络思想政治教育活动。在这些中介条件中，不同的中介的属性和作用是完全不同的：网络思想政治教育信息是网络思想政治教育内容的具体化，是其客体所需要的对象。如果网络思想政治教育主体提供的信息不符合客体的需要，那么，就不会存在主客体的关系，也就不可能发生主客体关系的转化。因此，网络思想政治教育信息在网络思想政治教育主客体关系转化中，往往起着决定性作用。互联网络是网络思想政治教育主体将信息传输给客体的工具，但是，网络作为工具与任何传统的工具是不能相提并论的，它具有多样性、交互性的特点，使主客体之间的信息交换不受时空的限制，变得随心所欲，极大地拓展了信息交换的广度和深度，从而也拓展了网络思想政治教育主客体关系转化的广度和深度；网络思想政治教育活动是其主体通过工具将信息传输给客体的实现形式，一定的网络思想政治教育活动总要通过一定的形式表现出来。在网络虚拟空间进行的网络思想政治教育活动有着传统的思想政治教育活动无法比拟的优势。众所周知，互联网络是光导纤维网与智能计算机有机结合的产物，具有高度的开放性和虚拟性，它不仅能够展示现实，而且能够超越现实，这样，极大地拓展了思想政治教育活动的空间，使网络思想政治教育主客体关系的转化面临新的机遇和挑战。这些中介条件虽具有各自不同的功能，具有相对的独立性，然而它们又紧密地相互依赖、相互联系、相互制约，构成了一个网络思想政治教育主客体关系转化的中介系统，因此，它所表现出来的不再是单个功能的发挥，而是整体功能的发挥，在网络思想政治教育主客体关系转化中，起着桥梁和纽带的作用。

三、网络思想政治教育主客体关系转化的过程

实质上来说，网络思想政治教育主客体关系的转化过程就是网络思想政治主客体之间的相互作用过程，客体对主体的作用和主体对客体的作用在这个过程中都不是简单化的直接过程，而是有层次的逐步现实化的过程及其循环。[85]

传统思想政治教育主体以两种形式作用于客体并接受客体的作用：一种是认识，就是观念的、精神的活动；另一种是实践，即感性的、物质的活动。网络思想政治教育主体与客体的作用是在网络虚拟空间里进行的，因而主体和客体的作用主要表现为一种观念的、精神的活动，这种活动可以简单地描述为：网络思想政治教育主体通过网络接受来自客体的信息，并受到客体规定的影响和制约，促使主体客体化。与此同时，由于主体按照自身的结构和尺度选择和建构，经过抽象，使之形成新的观念，从而在观念上实现对客体的改造，使客体主体化。网络思想政治教育主客体关系转化的过程主要包括以下几个方面：

（一）教育主体以“为我”方式建构的过程

在构建主客体关系的过程中，网络思想政治教育主体是按照自己的尺度构建的，主要包括以下两个方面：一是主体根据自身的规定性建立主客关系。主体自身的结构和规定性是建立主客体关系的出发点，主体一开始就规定了客体与自己相对应的侧面，使客体在进入这一关系时就被改造或“建构”，[86]无论主体怎样通过互联网络去感知客体，主体都按照自身的规定性去活动，从而使客体的自在规定性在这一关系中被加以选择和改造。从根本上来说，网络思想政治教育主体的规定性应体现人民群众的利益和党和国家的意志，使教育客体的政治思想、道德品质等方面条件符合社会发展和人类进步的要求。因此，网络思想政治教育主体按照自身的规定性构建主客体关系，实质上就是按照党的方针政策、基本路线和科学发展观的要求，实现对其客体的改造。二是主体根据自身的需要建立主客关系。主体对客体的作用，处处都与满足主体的需要有关，需要是主体对客体作用的内在动因。作为一个特殊的主体，网络思想政治教育主体代表着党和人民的根本利益，因此，它的需

85 李德顺.价值论[M].北京：中国人民大学出版社，2007.

86 李德顺.价值论[M].北京：中国人民大学出版社，2007.

要从基本方面来看，包含了经济发展、政治发展、社会发展、文化发展以及生态发展的需要等诸多方面。由于网络思想政治教育主体的需要体现了广大人民群众的利益，因而与网络思想政治教育客体的需要在根本上是一致的，这是主客体关系之所以能够建立的基础。但是，在具体利益即具体需求上是有所不同的，这就需要对客体进行改造，在这个改造过程中，网络思想政治教育主体总是从自身的需要出发，建立起主客体关系。值得注意的是，网络思想政治教育主体从自身需要出发建构主客体关系应当受客体的规定和制约，并不可以随意建构。

（二）教育客体自主选择信息的过程

网络思想政治教育客体主体化和网络思想政治教育主体客体化两个过程是互为前提、相互连接的，在网络思想政治教育主体按照“为我”方式构建主客关系的同时，教育客体也通过自主选择思想政治教育信息来建立主客体关系。教育主体在教育活动中总是试图把主体的希望、目的和价值追求注入教育客体，赋予教育客体以教育主体的特性。但是，教育客体对于来自教育主体的相关信息，不是全盘接受，而是根据自己的价值标准有选择地接受。对于这一点，与传统思想政治教育有很大的不同。教育对象在传统思想政治教育中具有稳定性，一定的思想政治教育内容总是表现为一定的教育对象服务；教育方式具有可感知性，教育主客体的身份、地位等因素往往会对客体关系的建立产生一定的影响。教育主体与教育客体在网络思想政治教育活动中不是直接相对的，而是通过互联网络这个中介发挥作用。互联网络的虚拟性，使教育主体和教育客体都成为虚拟的教育主客体，从而大大提升了教育客体的自主性。在这种情况下，建立起网络思想政治教育的主客体关系，教育主体只能提供丰富的信息，供教育客体自主选择，当教育主体提供的信息不能满足教育客体的需要时，教育客体便会离开，主客体关系就会断裂。正因如此，网络思想政治教育客体自主选择信息的过程从这一角度来看，就是网络思想政治教育主客体关系建立的过程，主客体关系转化要以主客体关系建立为前提。

（三）主客体彼此不断接近的过程

网络思想政治教育客体主体化和网络思想政治教育主体客体化是一个不断接近、循环反复的过程。在这个过程中，由于网络思想政治教育主体和客体各自异质的存在，导致彼此之间相互吸引的性质和趋势。所谓彼此之间相互吸引的性质和趋势，是指在网络思想政治教育主体和客体的关系及其矛盾运动过程中，主体会使客体朝自己所需要的方向变化，客体又会使主体按自身存在和发展的客观需求变化。网络思想政治教育主体和客体彼此相互吸引的结果，使网络思想政治教育的客体向主体渗透、主体向客体渗透，即网络思想政治教育主体以自己的思想观念向其客体施加影响，客体按照自身的规定性有选择地接受其影响；网络思想政治教育客体同样以自己的思想观念向其主体施加影响，主体按照自身的规定性有选择地接受其影响，从而导致网络思想政治教育主客体各自原有观念的改变，在观念形态上彼此包容，即“你中有我，我中有你”。但是，与传统思想政治教育不同，由于网络思想政治教育主体施加影响的间接性和其客体接受影响的自主选择性，大大地削减了网络思想政治教育主体对其客体的影响。网络思想政治教育主客体彼此相互渗透的过程就是彼此相互转化的过程，而网络思想政治教育主客体关系转化的每一循环过程，使主体和客体都既被肯定也被否定，它标志着活动本身既结束又开始，[87] 其结果是客体越来越主体化，主体越来越客体化，主客体之间相互映现，呈现出彼此不断接近的趋势。

四、网络思想政治教育主客体关系转化的策略

促进网络思想政治教育主客体关系转化，应以实现其主客体关系转化的条件和过程为依据，重点实施以下几点策略。

（一）尊重客体

与其他主客体关系不同，网络思想政治教育的主客体关系是人与人的关系。在这种特定的关系中，尊重教育客体的主体地位不能有丝毫动摇。首先，从教育客体作为人的主体性来看，它与教育主体一样，同样表现出作为人的自主性、能动性、创造性等主体性特征。其次，从教育客体作为网络虚拟环境中人的主体性来看，它与教育主体表现为一种交互主体性，与传统生活世界相比，其主体性更加凸显，表现出教育参与的自由权、信息选择的自决权、价值认同的自主权、信息反馈的主动权等。[88] 如果教育客体的这些权利受到制约或影响，那么，主客体关系就难以建立或不复存在。最后，从教育主客体关系来看，主体和客体是相对的，而不是不变的、固定的。在一定的条件下，可以相互转化。因此，教育主体和教育客体在网络思想政治教育活动中不仅在选择信息、获取信息、发布信息的权利方面是平等的，而且在地位上、人格上也是平等的，教育主体应以平等的态度对待教育客体。

（二）激发主体

在网络思想政治教育中，教育主体和教育客体的地位是平等的，但这并不排斥教育主体主导作用的发挥，相反，充分发挥教育主体的主导作用，才能促进主客体关系的转化，实现网络思想政治教育的目的。应当从以下几个方面努力，促使网络思想政治教育主体发挥作用：首先，要在把握教育客体的特征上主导。教育主体只有准确把握教育客体的现状，在充分认识和把握教育客体的基础上，才可能改造教育客体，即引导教育客体自我认识、自我提高。因此，教育主体要掌握教育客体新的思想情感需要和原有思想品德水平。其次，要在教育信息内容上主导。教育主体要以社会主义核心价值体系为基本资源，为教育客体提供足够的教育信息，以便教育客体自主地选择信息，满足自身对教育信息的需要。再次，要在教育方法上主导。不同的教育客体有不同的特征，教育主体要根据教育客体的不同特征使用不同的方法，因势利导，特别要把教育信息尽可能地融入教育客体的网络生活之中，

87 李德顺.价值论[M].北京：中国人民大学出版社，2007.

88 杨立英.论网络思想政治教育的主客体关系特性与教育创新[J].思想理论教育导刊，2005（11）.

使教育客体在不知不觉中接受思想政治教育信息。最后，要在教育情感上主导。较之传统思想政治教育，网络思想政治教育容易导致情感的缺失。因而，教育主体要特别注意与教育客体的情感交流，要把教育客体作为知心朋友，赋予真情，使教育客体在情感的基础上自愿接受来自教育主体的思想政治教育信息。

（三）强化互联网的教育功能

互联网媒介是促进教育客体向教育主体转化的重要载体，促进教育客体向教育主体转化的重要途径之一就是不断强化互联网的教育功能。强化互联网的教育功能，应从以下几方面努力：首先，要对互联网的教育功能给予准确定位。自互联网进入商业运营以来，突出的是它的经济功能，而它的教育功能长期被忽视，由于近些年，网络政治的迅猛发展和网络事件的不断发生，才开始重视它的教育功能。然而，对它的教育功能只是一些定性的描述，缺乏定量的考察；只有一些原则性的要求，缺乏制度的严格管理。正因如此，应当通过立法等方式准确地定位教育功能。其次，要整合互联网络工具的优势。随着网络信息技术的发展，网络工具越来越多，只有不断地整合其优势，才能有效促进网络思想政治教育客体的转化。因而应通过开发相关的软件和科学设计界面，使网络工具的优势得到有效发挥。最后，要大力开发网络思想政治教育新技术。现在，网络信息技术发展很快，而网络思想政治教育的技术开发却明显滞后，我们应抓住网络信息技术快速发展的良好机遇，开发网络思想政治教育新技术，以适应网络思想政治教育内容个性化、教育主体社会化、教育方式多样化、教育方法生活化的需求。

（四）提高教育主体的素质

教育主体在网络思想政治教育主客体关系转化中扮演着起决定作用的主要角色，因此，提高教育主体的综合素质显得十分重要。提高教育主体的综合素质应从以下几个方面努力：首先，教育主体要确立新的教育理念。网络思想政治教育是对传统思想政治教育的继承，更是对传统思想政治教育的超越，传统思想政治教育理念已不适应网络思想政治教育的发展，应确立起“包容开放”“平等自主”“主动主导”等与网络思想政治教育相适应的理念。其次，教育主体要不断完善自己的品格。教育主体的人格力量对教育客体的影响是巨大而深远的，本身就有教育的意义。教育主体要充分认识品格修养的极端重要性，加强理论修养和道德实践，努力培养自己的高尚品德。再次，教育主体要丰富自己的知识。网络思想政治教育较之传统思想政治教育，具有主体的不确定性和方式的交互性等特性，如果教育主体没有宽泛的人文社会科学知识和系统的思想政治教育专业知识，就难以驾驭教育客体。所以，教育主体应当在日常的学习和生活中不断加强学习，努力丰富自己的知识，完善自己的知识结构。最后，教育主体要提高虚拟实践能力。网络思想政治教育具有技术性强的特点，对教育主体的虚拟实践能力提出了很高的要求。虚拟实践能力主要指网络信息获取能力、超文本阅读能力、网络语言表达能力等方面。教育主体只有努力提高自己的这些能力，才能建立起网络思想政治教育的主客体关系。

第四章　高校网络思政教育的运行机制

网络思想政治教育运行机制的不断发展与创新是历史发展的必然。大学生网络思想政治教育的工作机制、保障机制、评价机制坚持将教育与管理相结合，以校党委为领导核心，坚持落实文件精神和各项制度，对大学生网络思想政治教育的运行机制进行全方位的完善。将先进的教育理念充分运用到教育实践当中，从全局考虑建立长效工作机制，以网络文化为依托，提高大学生网络思想政治教育工作效率，推进高校德育工作健康、有序、协调发展。在高校中，应大力推广网络思想教育，并在推广中不断创新，充分发挥网络思想政治教育工作机制的功能。

第一节　高校网络思政教育的工作机制

一、网络思想政治教育工作机制概述

（一）机制的内涵

要想弄明白网络思想政治教育工作机制，首先我们要做的就是将“机制”的内涵弄清楚。“机制”一词源于希腊文，“原意是指机器的构造和工作原理，机器运转过程中的各个零件之间的相互联系、相互制约及其运转方式”[89]。如今，在很多领域中都用到了“机制”一词，例如，经济学、伦理学、管理学、文化学、政治学等。在通常意义上，“机制”这个术语是指复杂系统结构各个组成部分相互联系、相互制约、相互作用的联结方式，以及通过它们之间的有序作用而完成整体目标，实现其整体功能的运行方式。“‘机制’概念可分为自然机制和社会机制。自然机制是指纯粹意义上的自然过程的机制，没有精神、意识因素的参与。因此，自然机制主要局限于系统内部结构各个组成部分相互联系、相互作用、相互制约的联结方式及实现整体功能的运行方式。社会机制是指在社会实践过程中社会系统内部主体与客体之间、主体之间、客体之间相互联系、相互制约、相互作用的联结方式及实现整体目标和整体功能的运行方式。”[90]高校思想政治教育着力于做大学生的思想工作，其受到很多因素的影响，例如，复杂的认识、情感、精神、欲望、意识等。另外，社会生

89　张耀灿，陈万柏.社会主义市场经济条件下思想政治教育领导研究[M].武汉：华中师范大学出版社，1998.

90　李明华.精神文明建设机制论[M].广州：广州出版社，1997.

产力水平、生产关系性质等对其也有制约作用。因此，高校思想政治教育机制是属于社会机制，表现着社会中形形色色的人与人之间的联结方式。高校思想政治教育机制是指在高校思想政治教育系统内部诸要素之间彼此互相关联、互相作用、互相影响、互相制约的基础上而形成和发展起来的工作运行体制、系统管理规范和工作运行方式等。从更加细致的角度来说，高校思想政治教育机制是“思想政治教育部门及其人员，在一定决策机构指挥下，在一定目标指引下，在一定动力驱逐下，在一定体制、条件保障下，共同协调，实现思想政治教育整体目标和整体功能的工作程序与工作方式。”[91]

（二）网络思想政治教育机制的基本含义

网络思想政治教育机制的内涵分为广义和狭义两种。狭义的网络思想政治教育机制主要是指通过教师的积极引导以及高校和教育部门制定相关规章制度，来对大学生的网络行为进行有效的规范，提高大学生网络安全意识、诚信意识以及甄选信息的能力，积极配合高校德育工作。而广义的网络思想政治教育机制除了包括上述概念外，还涵盖了教师以及高校利用网络推广传统的思想政治教育内容，属于网络教育和远程教育范畴。

二、网络思想政治教育机制的功能

建立健全大学生思想政治教育管理机制对整个高等教育系统具有巨大的现实意义。只有在人员、技术、制度的全方位保障下，大学生思想政治教育才能真正实现稳定发展，尽可能减少实际工作中的障碍，充分发挥教育功能，积极宣传社会主义思想道德，协调好各方面关系，把握正确的舆论导向，通过德育工作实践及时发现问题，解决问题，为教育改革提供反馈信息，保障教师以及学生的合法权益，逐步完善各项规章制度，使大学生思想政治教育工作向精细化方向发展，优化配置教育资源，为构建和谐社会贡献力量。

（一）导向功能

社会主义现代化建设要求思想政治教育工作者必须适应时代发展趋势，能够做到与时俱进，能够积极探索新形势下大学生思想政治教育的新特点和新规律，发现实际工作过程中的薄弱环节，然后对其进行改革和创新，在内容、途径、方法等方面努力完善大学生思想政治教育体系，把公民道德规范、理想信念教育、爱国主义教育、心理健康教育充分融合，在校园内大力开展讲文明树新风活动，教导学生要助人为乐、遵纪守法，自觉维护国家利益，规范个人行为，将学校德育工作提高到一个新水平。现代社会人与人之间的交往日益频繁，大学生思想政治教育的工作重点应当放在全民族整体素质上，勇于创新，坚持与时俱进，用社会主义先进文化来指导实践，形成师生之间的良性互动，维护公共利益，弘扬民族精神，紧跟时代步伐，推动精神文明建设的有序进行，促进物质文明与精神文明协调发展，保持社会始终处于稳定发展状态。加强社会主义法制建设，把依法治国与以德治国

91　杨晓玲，曹飞，刘慧卿.当代网络思想政治教育理论研究与实践创新[M].北京：现代教育出版社，2012.

结合起来，引导学生积极学习宣传法律知识，将法律以及社会主义道德作为自己的行为准则，使新形势下的大学生思想政治教育的导向功能得以不断深化和拓展。理论只有能够真正指导实践，并且接受实践检验，理论对个人以及社会未来的发展才具有无限价值。高校要把握好大学生思想政治教育的先进理论，积极开展德育工作，努力形成健康向上的舆论导向，将先进理论的作用不断扩大。

（二）协调功能

大学生思想政治教育管理机制形成的前提是教育工作者必须意识到大学生思想政治教育是一个系统化的整体，它既要有硬件支持，还需要相关团队的密切配合，在国家法律法规基础上使学校德育工作适应社会主义物质文明建设的发展速度。正确运用物质利益原则，将高尚的社会主义思想道德情操与良好的日常行为习惯有机结合，在协调各方关系过程中确立学校与社会生产力发展相适应的道德观念以及道德规范，崇尚科学、求真务实，使德育工作在人员、制度、设施各方面实现全方位发展。现代社会，随着互联网的迅速发展，网络在高校校园得到极大普及。网络促进了教师与学生、上级与下级以及同事之间的有效沟通，用社会主义思想道德来维系高校健康向上的人际关系，保证在团队高度协作状态下使大学生思想政治教育为我国改革开放和现代化建设提供强大的精神动力以及智力支持。大学生思想政治教育管理机制不仅在系统内部对学校人员以及其他教育资源起到很好的协调作用，还在系统外部令学校与社会各界保持着密切的联系，通过加强行业之间的合作实现信息资源共享，加强院校之间的座谈交流提高教师综合素养，积极与企事业单位合作向学生提供社会实践机会。将网络的虚拟环境与现实世界有机融合，减少人员之间以及人员与资源之间的矛盾，保证大学生思想政治教育计划顺利执行。

（三）保障功能

所谓大学生思想政治教育管理机制的保障功能，是指通过这个机制可以使得大学生思想政治教育工作中的相关问题避免重复性发生，通过建立健全一系列的相关规章和制度，对师生行为进行有效规范和约束，对在工作中尽职尽责的教师进行鼓励和表扬，督促学生积极学习科学文化知识的同时也要不断提高自己的思想道德素养，始终秉承为人民服务和诚实守信的原则，在激烈的社会竞争中不断超越自我，努力培养自己成为社会所需要的高素质的有用人才，尽己所能对社会做贡献。在理论研究方面，大学生思想政治教育的创新理念极大程度上丰富了社会主义思想道德建设体系，拓宽了覆盖范围，并且随着网络技术的迅速发展以及校园网的日益普及，大学生思想政治教育管理机制的保障功能在校园文化建设乃至整个人类文明建设过程中发挥着越来越重要的作用。从我国国情以及学校的实际情况出发，加强社会公德教育、职业道德教育、家庭美德教育，通过大学生思想政治教育管理机制的不断创新和完善，加大细节化、规范化相关内容的力度，并使之成为全体师生共同遵守的行为准则，从而形成具有普遍适应性的、动态的、不断更新的大学生思想政治教育模式，以迎合教育改革的需求，真正从根本上解决个人遇到的思想问题。

第二节 高校网络思政教育的管理机制

一、大学生思想政治教育管理机制的内涵

大学生思想政治教育管理机制，即指大学生思想政治教育管理者为了实现大学生思想政治教育的目标、增强大学生思想政治教育的实效，按照严格的管理原则，运用多种管理方式、方法，对大学生思想政治教育各要素之间的关系、功能等有计划地进行组织、协调、监督、实施的一套管理方法和原理的体系。

大学生思想政治教育管理机制是以一定的管理方式存在于动态的大学生思想政治教育控制的过程之中，它不仅具有一般的教育管理机制的基本属性，还具有自身特有的一些功能。首先，大学生思想政治教育是一种养成教育，因此，大学生思想政治教育管理机制也就具备了养成教育所具有的功能。在大学生思想政治教育过程之中，教育与管理之间相辅相成、相互渗透。又由于大学生思想政治教育是以培养人的思想品德为目的的教育过程，因此，大学生思想政治教育管理机制在某种程度上又具备了一般教育机制所具有的品德教化的功能。其次，大学生思想政治教育管理机制具有政治上的方向控制作用。由于大学生思想政治教育是为统治阶级服务的，因此，大学生思想政治教育总是在特定的阶级基础上和社会背景下进行，因而大学生思想政治教育管理机制所追求的目标也必然具有政治形态的导向性。大学生思想政治教育管理机制的方向性功能主要表现在两个方面：一是大学生思想政治教育管理机制是大学生思想政治教育过程的控制系统，必须首先保证管理目标和政治方向的高度一致；二是大学生思想政治教育管理机制控制着系统内的各职能要素具有共同的目标指向和着力点，它们共同起作用，产生出整体大于部分之和的功能效应，这样反过来又可以最大限度地保证大学生思想政治教育管理机制过程控制作用的发挥。

二、完善大学生思想政治教育管理机制

大学生思想政治教育是一种针对学生内在的特殊教育，大学生思想政治教育管理机制系统应包含以下要素：组织领导机制、互动机制、激励机制。

（一）强化大学生思想政治教育的组织领导机制建设

1. 加强党建，提供思想导向

保障党组织的突出特点是具有鲜明的、正确的政治导向性。政治导向是大学生成长、发展应当遵循的政治方向。高校要正确把握政治导向，就要以理想信念教育为核心，帮助大学生树立科学的世界观、人生观和价值观。高校党组织作为政治组织，理所应当发挥政治教育作用，首要的就是抓好理想信念教育。在开展理想信念教育方面，高校具有独特的优势，不仅有组织健全的各级党组织，更有系统的马克思主义理论教育，还有理论修养深

厚、知识渊博的专家教授，为大学生理想信念教育创造了良好的条件。高校党组织一项很重要的任务，就是组织大学生党员和积极要求入党的学生，学习党的基本理论、基本路线、基本纲领、基本经验，用马克思主义理论武装头脑，坚定走中国特色社会主义道路的信念，树立共产主义理想。

2. 健全校院行政组织管理机制

高等学校的行政组织不仅要担负起高等学校各职能部门的日常行政工作，而且要在高等学校党组织的领导下，对大学生思想政治教育工作行使科学管理职能。因此，高等学校行政部门的负责人和工作人员要重视做大学生的思想政治工作。在全面重视和加强大学生思想政治教育工作的今天，要注意根本改变一个时期存在的高校行政领导和部门不管德育、不抓思想政治教育、不做学生思想政治工作的不正常现象。

高等学校行政组织通过发挥行政部门的管理和教育双重职能，对学生思想政治教育进行科学管理和实施，统筹安排，协调一致，充分运用学校各个教育部门和教学环节的教育作用，调动各个方面的教育力量，形成高等学校对大学生进行思想政治教育的系统，以利于对大学生进行思想政治教育。通过要求各部门既加强本部门的工作，又承担学生思想政治工作任务，改进对大学生的服务、管理、教育工作，使思想政治工作与业务工作结合起来，管理工作与教育工作结合起来，更好地发挥广大教职员工教书育人、服务育人、管理育人的作用。

高等学校行政组织通过围绕培养目标制定学生思想政治教育计划，明确高等学校各级组织思想政治教育的职责和学生在学期间不同阶段思想政治教育的要求。把思想政治教育同专业课教学、思想政治理论课教学、社会生产实践、劳动教育、军事训练、形势政策教育、品德修养教育以及体育、美育等方面有机地结合起来，从学校教育工作的各个方面培养学生正确的人生观和科学的世界观，进行集体主义、爱国主义、社会主义、共产主义等理想信念教育及社会主义权利义务观念和组织纪律性教育，使大学生成为有理想、有道德、有文化、有纪律的社会主义新人。

高等学校行政组织通过行使行政权力，去解决学生遇到的一些实际困难，从而解决学生由此产生的思想问题，把思想政治工作同解决实际问题结合起来。在这一方面，行政组织具有特殊的便利条件和作用。高等学校的一切工作部门都要关心学生的健康成长，行政管理人员和后勤人员要经常深入学生了解情况，听取意见，解决问题，改进工作。对于能解决的困难和问题要及时解决，对于一时解决不了的困难和问题要向学生做好解释工作，并努力创造条件争取早日解决。

（二）重视大学生思想政治教育的互动机制建设

在传统的教育理念中，无论是什么教育活动，教师往往是教育活动的主体，学生是教育活动的客体，对于大学生思想政治教育也不例外。

而这个传统的教育理念正好与以人为本、以学生为本的教育理念相悖，它将学生学习的主动性变成被动的被教师灌输，因而无益于社会主义核心价值观实效性的实现。在当今新的形势条件下，仅仅依靠传统的以教师教为主体的教育模式是远远不够的，要提高培育效率，还应借鉴“双向主体理论”与互动式教育模式，不仅要注重教师的引导，同时要注意学生的主体性，积极发挥学生的主观能动作用，变“要我学”为“我要学”，并将以往死板的课堂气氛调动起来，在大学生思想政治教育中实行互动机制。

要树立正确的教育理念，“互相学习、彼此欣赏、共同提高”。一是要建立良好的学习环境，使学生能够在平等、和谐的环境中愉悦地接受思想政治教育。要坚持以人为本，使学生和教师的地位平等，在平等和谐的沟通和交流中实现教育。在教育活动中，无论是教师，还是学生，都要做到积极主动，教师要积极了解学生所思所想，引导学生、启发学生、鼓励学生参与交往。学生也要积极主动从教师那里汲取知识。二是要相互尊重，实现欣赏式的教育。在教育过程中，教育者和学生在政治上、法律上、人格上都是平等的。三是要内化实践，在体验中实现教育。在互动过程中，师生往往会达成一些共识，将这些共识运用于实践，在实践的过程中来体验这些共识，从而得到新的价值观念，继续为教育服务。四是要多向互动，促进教育和谐。教育者与学生之间的关系往往不是单向的，而是互相的，这个关系往往是复杂多向的，既包括教育者之间、教育者与学生之间的关系，也包括教育者、学生与教育环境三者的关系，还包括教育内容、教育手段以及教育方法之间的多向互动关系。整个教育体系中的相关因素都连成一体。而所有因素中最为重要的就是学生，要将学生放在首要位置，要尊重学生的主体地位，并以此为前提。要深入了解学生，挖掘学生的内在潜能，积极发挥学生的主观能动性，使学生真正实现自我约束自我教育。当然，在尊重学生的主体地位的同时，学生也要尊重教师的主导地位，以此为前提，自律自教，合力推进大学生思想政治教育的顺利开展。同时，要努力探究教育者与学生互动的结合点，使师生对话合理进行，为互动搭建桥梁与纽带。

（三）深化大学生思想政治教育的激励机制建设

激励是管理学的一个重要概念，它作为管理的一项重要职能，是建立在满足个人某种期望的基础上的。激励就是将人们这种期望通过动机引导出来，并形成一股强大的精神动力和内在能量，帮助人们克服困难、解决问题。

1. 深化大学生思想政治教育激励机制的作用

激励机制能够从内部作用开始对组织或者个人起作用，与组织的生存与发展具有机敏的联系。实践表明人们的行为在很大程度上受到内心观念的影响，因此只有从内部入手才能更好地促进大学生思想政治教育的开展。

（1）有利于挖掘社会成员的潜力、激发其创造性。从理论上来说，正是因为人们的内在需要，人们才产生了行为动机。基于自我需求满足的考虑，我们可以将人们的所有行为都看作是一种有目的的行为，这种明确的指向性是由于某种外在的引导产生的。实际上人们是在“需求—动机—激励—行为”这一个行为过程中周而复始地进行的。

"激励"，我们可以将其分为"自我激励"和"外因激励"两种激励方式。当人们的内心渴望得到某方面的满足时，人们就会通过行为来实现这种满足，并充分地调动和激发自身的潜能，克服目的实现过程中的困难。大学生思想政治教育工作者要学会把握并且要善于把握人们内心的真正需要，并通过一定方式将思想政治教育的手段、措施与人们的需求结合起来，从而保证思想政治教育能够取得更好的成果。

激励大多是通过外部感染来实现的，因此大学生思想政治教育工作者可以充分利用各种社会活动，来激发人们内心的需求与行动的积极性。

（2）有利于激发社会成员的学习动力，形成良好学风。激励机制也是一种充满了竞争精神的思想机制，在其作用之下整个社会会形成一种公平的竞争环境和竞争机制，促进社会的进步。竞争在市场经济中意味着压力，同样在社会发展中竞争同样意味着压力，但是压力对于人来说并不是一件坏事，因为在适当的竞争压力下其会转变为社会个体奋发图强的一种精神动力。激励也是一种教育，它时刻提醒着人们要正视自己的需求，要为自己的需求付出努力，从而鞭策他们不断地学习与提高。在激励机制的作用下，符合人们价值观的行为方式会得到最大善意的对待，对于改善社会环境、引导社会文化与价值观具有重要的作用。

（3）有利于强化大学生思想政治教育的效果。激励机制能够极大地巩固与强化思想政治理论教育的成果，如果说理论教育是一粒种子，那么激励便是帮助其破土而出的养分，没有激励机制的作用"理论教育"只能停留在意识的层面，不能转化为实实在在的行动与结果。在大学生思想政治教育的实践中，我们既要从正面肯定社会成员行为的正确性，同时也应该根据相应的管理制度对社会成员在具体行为中表现出来的正面思想和积极因素进行精神上的和物质上的奖励，从而营造一种发扬正气、追求进步的社会风气，进而让社会成员达到明辨是非、纠正错误、促进思想政治理论教育向实践成果的转化。

2. 大学生思想政治教育实施激励机制遵循的基本原则

（1）差别原则。差别原则是指在考虑个体的行为差异与激励措施时，应该充分考虑客观差别（性别、年龄、文化差异等）对个体行为的影响以及这些要素对激励措施满意度的影响。这些客观要素有些是与生俱来的，有些是个人无法改变的，因此只能从激励措施来入手使人们能够更加顺畅地接受激励措施。从本质上来看，这里的差别体现的是一种社会公平，更是一种对人性的尊重，这能够最大限度地提升社会个体激励机制与措施满意度，也会影响激励的效果。

（2）同步原则。同步原则是指要将物质激励和精神激励结合起来，形成合力才能最大限度地保障激励机制的最终效果。物质激励是指人们基于物质力量刺激，激发对某个事物的内在需求，激发人们的行为动力，比如学校设立的奖学金、见义勇为奖等。精神激励是指通过社会成员的教育先从思想上对他们进行改造，使他们形成一种内在的行为认识以及对这种行为的认可。精神激励能够形成强大的内动力，保证社会成员的行为改造持续进行，而不需要外部要素的刺激，但需要花费大量的时间与精力转变人们的思想认识。无论是单独采用物质激励还是单独采用精神激励，都很难保证激励的效果，只有将二者结合起来才能将激励成果最大化、长久化、稳定化。

（3）适度原则。一般来说，做任何事情都要把握合理的“度”，这是我们日常生活的一个基本认识，蕴含着朴素的智慧与规律。从激励的效果上来看，心理需求与激励手段相隔的时间越短激励的效果就会越好，反之如果二者相隔的时间越长激励作用也就越小。从这一认识看出，我们要将核心价值观教育的理论教育与激励措施结合起来，科学地确定激励的时间与激励的方式，将激励的效果发挥到最大。但在这个过程中，一定要严格把握激励的“度”，既要保证时间上的合理又要保证激励手段与激励措施的合理，严格按照适度原则的基本要求组织激励工作。

第三节　高校网络思政教育的保障机制

一、大学生网络思想政治教育的保障机制构成

保障机制是大学生网络思想政治教育机制的子系统，其作用在于维护系统的稳定。全校师生充分利用校园网及时地对时政热点问题以及学校的相关工作安排进行及时的了解，对教育资源进行优化配置，使高校德育工作向着标准化、规范化方向发展，加强大学生网络思想政治教育制度建设，拓宽教育教学途径，完善相关管理工作方法，以便于教师有效实施教学计划，保障大学生网络思想政治教育各项目标的顺利实现。

（一）人员保障

在大学生网络思想政治教育保障机制中，人员保障是其核心内容。网络的高校德育工作需要高素质人才的支持，校领导组织带领广大教师积极充分发挥引导性作用，不断提高综合素养，保持思想先进性。高校逐步完善岗位责任制，对于人员的选拔与晋升要做到公开透明，大力推行高校自主化建设，加强改革用人机制，及时听取教师意见，鼓励创新，在实际工作中充分发挥教职人员的主观能动性。

（二）设施保障

完善的教学设施是高校硬件实力的体现，其有助于顺利开展教学计划，满足师生的教学需求，按时完成大学生网络思想政治教育目标。在高校中，硬件设施的建设不能放松，要努力向世界一流院校标准靠拢，以现代化的硬件设施促进大学生网络思想政治教育现代化，树立院校的品牌形象，产生良好的口碑效应，使高校真正成为培养高素质人才的沃土，为学生提高学习能力、研究能力、实践能力提供必备的设施条件，充分发挥创新才能，推进我国教育改革。

（三）资金保障

高校的决策在一定意义上受资金保障的影响，因此，必须制定合理的收入支出计划，坚持在收支平衡基础上实现高校德育工作的长远发展。高校财务制度实现透明化管理，使挪用教育资金的现象不再发生，应根据教育需求来对教育资金进行合理的分配，执行严格的审批报备流程，从最节约的角度利用教育资金提升高校的综合实力，改善教学条件，提高教师福利。教育工作者只有真正意识到资金保障对于开展大学生网络思想政治教育的重要意义，才能真正将其合理利用，为大学生网络思想政治教育机制构建以及进一步发展提供坚实的基础。

（四）制度保障

制度既可以约束人的行动，也可以提高工作效率，使大学生网络思想政治教育工作有法可依，减少实践中的困惑，坚定师生的社会主义信念。高校应从我国政府出台的相关法律法规出发，制定符合大学生实际情况的各项规章制度，对教师进行规范化管理，对学生的网络行为进行有效的约束，构建文明和谐的校园文化环境，加强校风校纪建设，通过课堂教学和日常生活的养成教育培养学生高尚的思想道德品质，保障社会主义物质文明与精神文明协调发展。

（五）高新技术保障

科学技术是我国社会主义现代化建设的必要保障，也是高校德育工作现代化的前提。高校的人才资源非常丰富，有着大量的可供研究高新技术的硬件设施，因此必须加大研究力度，努力维护网络安全。教师应将自身的表率作用充分发挥出来，不断提高自己利用网络技术实现教学创新的能力，鼓励学生使用网络实现信息共享，致力于高新技术研究工作，为大学生网络思想政治教育机制创新提供保障。全体教育工作者都必须意识到科学技术代表着第一生产力，坚持技术创新，充分结合社会主义先进理念与高新技术，只有这样才能保证大学生网络思想政治教育朝着正确的方向发展。

（六）思想理念保障

符合时代发展的思想理念对大学生网络思想政治教育实践具有巨大的指导意义。高校在坚持马克思列宁主义、毛泽东思想、邓小平理论、“三个代表”重要思想以及科学发展观基础上，加强公民道德建设，对网络产生的新思想去粗取精、去伪存真，不断根据大学生网络思想政治教育实践环节中的新情况出台新的指导思想。提高学生的法律意识，推进社会主义法制建设，以国家的法律法规和社会主义思想道德为依据丰富大学生网络思想政治教育理念。大学生网络思想政治教育对我国社会主义现代化建设的巨大促进作用，对于这一点全体教育工作者都应该意识到，只有把握好舆论导向，加强宣传工作，使大学生网络思想政治教育的相关理念始终能够给实践提供最科学正确的指导，从而促进我国经济的发展，缩小与世界发达国家的差距。

二、优化队伍，为大学生思想政治教育提供可靠的队伍保障

（一）坚持科学的指导思想，坚定队伍建设的正确方向

大学生思想政治教育队伍承担着宣传马克思主义理论和党的路线方针政策，传播社会主义意识形态和精神文明，用马克思主义中国化的最新理论成果武装大学生、用优秀文化培育大学生等方面的主要任务。这就要求他们必须具有坚定正确的政治方向，必须有坚定的理想信念。只有如此，他们才能在政治上指导和引导学生，才能培育大学生坚定的政治信仰和爱国主义情怀，才能指引大学生健康成长。

（1）大学生思想政治教育队伍必须具备坚定的政治信仰。主要是指坚定地站在无产阶级政党的立场上，维护党的利益、人民的利益，拥护党的路线、方针、政策，为党的事业而奋斗，并在大是大非问题上站稳脚跟，与违反党的原则的思想行为做斗争。

（2）大学生思想政治教育队伍必须具备坚定的理想信念。理想信念体现了一个人的政治立场和世界观，是支撑一个人精神世界发展的重要动力源泉，激励着一个人不断努力追求自己人生中的奋斗目标。坚定的理想信念，是指以坚定的共产主义信念、社会主义信念为人生目标，以中国特色社会主义共同理想作为奋斗方向。只有信念坚定，才能明确前进的方向，产生战胜各种困难和挫折的强大精神动力，才能自觉地把共产主义远大理想、有中国特色的社会主义共同理想同现阶段的任务很好地结合起来，积极投身教育事业，以高度的事业心、坚定的信心、高度的责任感和顽强的毅力做好工作。

（3）大学生思想政治教育队伍必须具备较强的政治敏锐性和较高的政治水平。教育工作者要具备较强的政治素质，必须具有较强的政治鉴别力和政治敏锐性，在复杂多变的社会环境中，从政治的高度分析问题，保持坚定的政治信仰和政治方向，保持政治上的清醒，在重大问题上不动摇、不犯错误。立场坚定地维护党的路线、方针、政策。此外，还要时刻关注国内外重大新闻，追踪时政热点，捕捉敏感话题，紧跟时代发展，善于用科学的理论思想来解析大学生关注的焦点、热点和难点问题，诠释当前的政治、经济、军事、文化形势，做好党和国家路线、方针、政策的宣传者和维护者。

（二）完善选拔和任用机制，提升思想政治教育队伍素质

大学生思想政治教育队伍的选任机制是指通过一定的方式，发现和挑选优秀人才，择优任用的机制。选拔和任用的相关制度按照一定的原则、规则进行。完善大学生思想政治教育队伍的选拔和任用机制，是推进思想政治教育队伍优化组合、优胜劣汰、提升素质的关键。具体做法主要体现在以下几个方面。

1. 确立思想政治教育队伍的选拔标准

选任政治教育队伍必须认真贯彻“四化”方针和德才兼备标准，亦即思想政治素质标准和文化知识水平标准。此外，还要明确学历、职称等标准。

2. 完善思想政治教育队伍的选拔程序

完善思想政治教育队伍的选拔程序，就是要坚持公开、平等、竞争、择优的原则，将民主推荐和民主测评环节与笔试面试相结合，防止选任的随意性；在公开选拔、竞争上岗过程中，引入人力资源管理专家，建立高水平的考官队伍，分门别类、科学合理地确定拟选拔职务的报考资格、选拔程序、笔试、面试内容、测评方法。对于专职思想政治理论课教师的选拔要特别注重考察他们的思想政治素质和职业责任感，宁缺勿滥。

3. 完善选任的方式、方法

公开选拔的方式方法对于提升思想政治教育队伍选任的科学性和效率具有重要作用。公开选任的方式方法多种多样，如考任制、聘任制、选任制、“三荐两考”等。现在专职的思政课教师和辅导员一般都从高校硕士、博士毕业生中直接选拔，其实有些社会工作人员具有丰富的思想政治理论和实际工作经验，能够更好地胜任大学生的思想政治工作，也应该不拘一格吸收到思想政治教育队伍当中来。

（三）坚持专兼结合，促进队伍建设的专业化和职业化

专兼结合的大学生思想政治教育队伍基本结构，是我国大学生思想政治教育队伍建设的优良传统。大学生思想政治教育队伍应由精干的专职人员和兼职人员组成，其中以专职人员为主，兼职人员为辅，构建合理的专兼队伍结构。正是由于党和政府坚持专兼结合的原则，才使得大学生思想政治教育队伍不断发展壮大，结构不断优化，也才使得全员育人、全过程育人、全方位育人的工作思路在实际工作中得到贯彻落实。

在专兼结合的大学生思想政治教育队伍基本结构中，专职思想政治教育工作者是骨干力量。要实现思想政治教育工作的专业化、科学化，必须以专职人员为骨干，并且通过专业化和职业化建设，培养和造就一批思想政治教育专家。

（四）建立健全考核机制，重视对思想政治教育队伍的考核

考核是高校思想政治工作队伍管理的一项重要内容。各高等学校要进一步建立健全和完善学生思想政治工作人员的管理考核制度，加强对学生思想政治工作人员的日常管理，严格考核。主要包括以下几个方面的考核：一是素质考核与业绩考核。既全面考核思想政治工作者在工作实践中表现出来的思想政治素质和业务素质，又着重考核其具体工作业绩。二是组织考核与群众评议。既按照一定的组织程序，又坚持群众路线，对思想政治工作者进行全面了解和评定，把组织考核和群众评议结合起来，以保证考核的客观公正。三是年终考核与平时考核相结合。对思想政治工作者的素质修养和工作状况，既进行一年一度的集中考核，又结合平时工作开展经常性的检查督促，使考核工作制度化和常规化。

（五）加强师德建设，增强教师的责任感和使命感

加强教师的思想政治教育工作和职业道德教育，要认真研究新时期的工作规律、特点和方法，根据不同情况，结合教师的思想实际和教育科研工作来进行，要有针对性、实效性和生动性。避免形式主义，采取灵活多样的教育方式，特别是对中青年骨干教师应有更

高的要求。把思想工作与解决教师的实际问题结合起来，既要提倡敬业奉献，又要解决教师的后顾之忧，同时要建立必要的规章制度并狠抓落实。在教师中深入开展教书育人活动，对青年教师要进行岗前培训，对骨干教师要掌握他们的思想脉搏，广泛听取他们的意见，做好他们的教学和生活保障工作，为教师创造良好的工作、生活环境，从大处着眼，小处做起，减少离心力，增强凝聚力，使教师能集中精力于教学科研工作。

第四节　高校网络思政教育的评价机制

一、大学生思想政治教育评估体系构建的切入

（一）辨别大学生思想政治教育评估线索

大学生思想政治教育工作是一个复杂的系统工程，体现在高校运行的方方面面，它的结构是复杂的和交叉的，如何评估高校运作对思想政治教育的工作情况，有很多种线索。如：

(1) 以思想政治教育的参与者——领导者、教师、其他服务人员、学生、其他社会成员等为线索。

(2) 以思想政治教育的参与组织——领导组织、教学组织、党组织、共青团和学生会组织、社团组织、班集体组织等为线索。

(3) 以校园生活的形式——遵章守纪、学风建设、文体活动、社会实践、日常管理等为线索。

(4) 以思想政治教育的方式——政治理论课教学、第二课堂、心理辅导、社会实践、创新途径等为线索。

除此之外，还有很多划分方式，包括前述以把学生思想行为划为不同模块作为主线也是有的。

现实情况是复杂的，思想政治教育是一个复杂交织的系统工程，各项工作是前后衔接、不可分离的有机整体，将其划分成独立项目只是为了便于考查，并不能说明它们实际具有完全的独立性。此外，那种以一个线索就能理清所有问题的倾向是不正确的，理论应当适应现实，而不是相反。任何一种线索只能反映思想政治教育工作的一个侧面而非全部，对于没有反映到的部分，应当用别的划分方法予以补充。

（二）确定大学生思想政治教育评估的基本流程

思想政治教育评估指标体系构建的流程大致可以分为以下几个步骤。

1. 提出评估的一级指标

如果是全面评估，则根据思想政治教育工作整体目标的要求和受评对象的整体实际，能够得出评估的一级指标；如果只是针对单项进行评估的话，那只能得到单项的一级指标。

2. 确定权重系数

衡量评估指标重要程度的数据叫权重系数。权重系数能区分各指标在评估中的主次差别。权重系数的确定，既要根据思想政治教育工作目标的要求，保证重点，又要兼顾一般，还要从实际出发，从已经变化了的情况出发，进行必要的调整。

3. 分解一级指标

这是把思想政治教育整体目标的要求和受评对象的整体实际进行分解，使之逐步具体化的过程。换言之，这一过程是把一级指标项目逐一分解为二级指标项目，再把各二级指标项目分解为三级指标项目等。经过这样的分解，就会产生一个比较复杂的评估指标层级体系。

通过不同级别的单项进行分析，可以发现在评估系统中的指标中所包含的各个项目之间都具有一定的层级性和系统性，每个级别之间的单项都具备一定的独立性。

所以，评估系统中的指标都是一层一层进行的，由简单到复杂，逐渐地不断进行深入，直到得出的评估结论是符合大家所期望的。但是评估系统中的指标并不是无限制的，所以指标的设定都具有一定的原则，不是越细越好，也不是越多越好，而是按照评估的目标进行设定，否则在实际操作中很难实现。

4. 进行试评和检验

为了能够证明评估指标体系的合理性，必须进行一段时间的试评和验证。只有合格之后，这个指标体系才能够真正地推行。所以在试评期间，应该按照不同的对象进行小范围的抽样进行，在试评中遇到任何问题都需要及时解决，对评估方案进行调整，只有评估指标体系在试评中得到认可，才能证明这个指标体系是合理的。

5. 设立评估指标等级

设立评估指标等级对是对评估对象的一个结果，按照一般的规律来说，评估指标可以设为偶数制和奇数制。一般来说偶数制可以分为二级制和四级制，而奇数制可以分为三级制和五级制。所以根据不同的规定制定的级别也是不一样的。比如，四级制可以分为优、良、合格和不合格四种。又比如，五级制可以分为优、良、中、合格和不合格五种。所以在设立评估指标等级的时候应该根据思想政治教育的实际情况来确定，不同学校的实际情况都会存在一定的差异。每个等级都应该有着严格的标准，按照这个标准进行等级判定。

（三）明确思想政治教育评估的标准

1. 教育过程的协调性

教育过程的协调性即思想政治教育过程中的各因素之间相互配合、协同一致，使思想政治教育过程呈现出和谐的状态。

思想政治教育过程是非常复杂的，包含许多要素。从教育实施看，包括教育内容、教育方式和方法、教育载体、教育手段、教育环境等；从受教育者思想品德的形成看，包括认知、情感、信念、意志、行为等。把教育实施和受教育者思想品德形成结合起来看，教育过程还可分为内化阶段和外化阶段。

思想政治教育要和谐从而获得良好的教育效果，上述各要素之间必须协调，即相互配合、协同一致，这样才能力往一处使，使思想政治教育活动产生更大的效能。否则，彼此矛盾、相互掣肘，教育过程中障碍、梗阻、破绽、漏洞不断，一则教育难以顺利进行，二则教育效果将大受影响。德育自身诸要素的和谐是德育效益最大化的前提。所以，评估思想政治教育的一个重要指标，就是教育过程的协调性，或者说，教育过程的协调性是思想政治教育的突出表现。

2. 教育内容的适切性

所谓教育内容的适切性，即教育内容适应、切合教育对象和社会的发展需要与现实状况。

教育内容的适切性是思想政治教育评估的首要指标。这是因为，教育内容对教育对象适应、切合，教育对象才有可能积极接受，才有可能便于接受，从而才可能有好的教育成效。否则，教育对象就不感兴趣，不愿接受。现实思想政治教育中，不是根据教育对象的需要和情状安排的教育内容比比皆是，这正是思想政治教育没有吸引力、成效不佳的主要原因。教育内容适应、切合教育对象的发展需要和现实状况的评估指标，是思想政治教育的本质和思想政治教育以人为本基本原则的要求。

教育内容的适切性的另一要求，是教育内容对社会发展的需要和现实状况的适应、切合。思想政治教育毕竟是以社会的要求来教育人，目的是实现人的社会化，让受教育者成为适应和推进社会持续发展的人。所以，教育内容的适切性不能仅谈适应、切合受教育者。但是，在受教育者和社会两者中，适应、切合受教育者必须摆在第一位。因为，不适应、切合受教育者的教育其效率、效益都不会高，甚至是负效益。如是，无论多么适应、切合社会的教育都将没有了意义。因而，较长时期以来我们以社会为本位的思想政治教育必须进行适度的调整了。

3. 教育效果的知行统一性

教育效果的知行统一性即思想政治教育从效果上看，既能让受教育者掌握一定的思想政治道德理论规范，又能让受教育者将掌握的思想政治道德理论规范指导或转化为行为，实现认知与行为特别是行动的一致性。

人的思想政治道德从本质上讲是个行为特别是行动的问题。因为，人的行为特别是行动才会产生有利于还是有损于他人或社会的后果，人们主要是依据行为特别是行动去评判一个人的思想政治道德面貌的。判断一个人思想品德是否高尚，既要听其言，更要观其行。一个人的行为表现往往综合地反映了其思想品德的面貌。思想政治教育总是要求人们表里如一、言行一致，引导人们践行社会要求的思想品德规范。如果只停留在社会要求上，而不注重人们的行为表现，思想政治教育就不能真正发挥其育人作用。所以，在思想政治教育上，教育者应注重知行统一，特别注意引导受教育者将已有的思想政治道德认知转化为行为，落实到行动上。

在现实的思想政治教育中，往往是仅注意思想政治理论的灌输，对教育效果的评估也往往是仅有书面的纸笔测试，以纸笔测试成绩的高低确认一个人思想政治道德水平的优劣。这样的教育和评估是不妥的，这也是导致思想政治教育效果欠佳的重要原因。在思想政治教育评估中必须突出知行统一，将知与行的统一性作为思想政治教育重要的评估指标。

二、大学生思想政治教育机制的科学构建

（一）制定评估方案

实施大学生思想政治教育评估，必须要制定一套合理的评估方案，用以指导和调控评估实施的全过程。评估方案的制定，需要注意以下几个环节的问题：

（1）明确大学生思想政治教育评估的原因和目的，以及开展大学生思想政治教育评估的指导思想、政策依据等。

（2）设置大学生思想政治教育评估目标。如在方案制定前，必须要明确评估的目标是什么；这些目标是否发生了改变；如有变化，那么目标应该怎样调整；主次目标、主次标准如何区分；等等。在明确了这些问题后，评估方案的制定就有了依据。

（3）规定评估工作中各项具体业务的时间流程、阶段划分等，让评估者和受评者都能够做到心中有数，从而保证评估开展得扎实有序。

（4）成立评估小组，并具体分工，落实责任，明确各评估部门和人员参与、负责实施的具体评估工作。

（5）形成评估方案的书面报告，分发给全体评估人员。同时，评估工作的决策者和管理者要随着条件的变化与发展，及时修改、完善评估方案，反馈评估结果。

（二）获取评估信息

大学生思想政治教育评估信息是否全面、客观、真实、准确，将直接影响评估的结果。而大学生思想政治教育评估信息按着形成和发展的时间顺序可以分为已经形成、正在形成和将要形成三种情况。因此，与之相对应，获取有效评估信息的方法有以下几种方法。

1. 利用 QQ 平台

“QQ 是由计算机系统企业开发、基于 Internet 的即时免费通信 (IM) 软件。可以使用 QQ 和好友用户进行交流，信息即时发送回复，收发及时、功能全面。QQ 不是简单意义上的即时通讯软件，它与传统的无线寻呼网、GSM 移动电话的短信息系统互联，是一个特别适合在网上和网友即时交流的通信工具。调查表明，在上网学生中 90% 都有 QQ 号，上网的学生中有 43% 会在聊天室里说真话，平时他们常用 QQ 进行聊天、玩游戏。因此学校应利用 QQ 平台为师生提供一个感情交流和信息共享的场所，使学校德育发挥核心价值观与校园文化价值观的导向作用，引导学生建立健全的人格和高尚的情操，树立正确的价值观和世界观。”鉴于上述 QQ 的特点和作用，我们将之作为网络思想政治教育的重要方法之一，列入评价指标体系中。

2. 利用 MSN 平台

MSN 全称应为 Microsoft Network，是“微软网络服务”的意思。中国 MSN 则包括了 MSN 门户网站、MSN Messenger、MSN Spaces、MSN Hotmail 和 MSN Mobile 等多个产品。MSN 目前具有即时通讯、E-mail、Blog、搜索等各种应用功能。在网络思想政治教育中，MSN 即时对话工具有着很大作用。“MSN 现在已成为学生中和 QQ 并列的重要网络对话工具，和 QQ 相比，MSN 主要在熟人之间，需要双方添加，才能互相对话，不像 QQ 可以随意添加在线网友聊天，MSN 更具有正规性、严肃性。另外 MSN 设有‘共享空间’功能，类似博客，可以写上自己所想所感，与朋友分享。MSN 一方面便于辅导员与学生一对一沟通、交流，另外辅导员可通过‘共享空间’，发布班级通知、信息，发布文章进行思想政治教育和素质教育，表达自己增进与学生了解。另外辅导员可以通过‘共享空间’了解学生动向和内心思想，由于 MSN 在学生中的普及性以及学生与辅导员较熟悉会对辅导员的‘共享空间’比较感兴趣，以了解班级事项和辅导员所思所想，通过‘共享空间’来进行思想政治教育会增加教育内容的吸引性和教育效果。建议辅导员可在‘共享空间’发布积极健康、适应时代、丰富多彩、贴近学生的资料，以对学生进行引导、教育。鉴于 MSN 以及‘共享空间’在学生中的吸引力”[92]，这种方式可以增强网络思想政治教育内容在学生网络生活中的分量，从而达到网络教育的效果，所以它也是网络思想政治教育的重要手段之一。

3. 利用电子信箱

电子信箱，英文名字 E-Mail，是通过互联网实现各类信件和文件的传送、接收、存储、投送，为用户提供更方便的信息交换业务。“电子信箱是利用与互联网联通的计算机系统的存储和处理能力，各用户提供能存取、传递电文、信函、传真、语音、图像等种种类型的信息。实现‘信箱对信箱’和‘存储、转发和提取’为基本内容的通信。电子信箱是办公自动化的重要手段之一，教师和学生之间可以通过信件往来进行一对多和一对一的互动交流，及时了解学生的日常生活、学习情况，发放学校事务通知，为学生提供有效的咨询、指导服务，排除思想隐患，解决实际困难。”[93] 有效地利用电子邮箱开展教育，是网络思想政治教育的重要方法之一。

在高校思想政治教育中，充分发挥网络的作用，是当前网络加强高校思想政治教育工作的必然选择。网络一方面对思想工作提出新的要求，另一方面也为思想政治工作提供了新的手段。通过网络思想政治工作方法的评价来促进高校思想政治教育开展，更在于让学生接受科学有效的教育手段，让网络思想政治教育工作对学生真正产生积极的影响，真正为学生成长发展起到导航作用。伴随着工作环境的变化和工作对象的变化，网络思想政治教育工作方法的评价原则和评价指标体系将处在不断的改进和完善状态中。

92　杨晓玲，曹飞，刘慧卿.当代网络思想政治教育理论研究与实践创新[M].北京：现代教育出版社，2012.

93　夏晓红.高校网络思想政治教育[M].济南：泰山出版社，2008.

（三）整理评估信息

尽管大学生思想政治教育评估人员获得了大量的评估信息，然而这些资料如果不经过整理，就是分散、零乱、粗糙的，不能作为定性分析、定量分析的客观依据。因此，评估人员还要认真地对获得的信息进行汇总、审核、分类和立卷等。

1. 审核

这是一个“去伪存真，去粗取精”的过程。主要审核信息资料的以下四个方面：一是完备性，就是指检查信息资料是否有遗漏、缺陷，必要时进行补充与完善。二是真实性，是指必须以评估指标为参照，以客观实际为依据，从信息源、收集方法与技术、信息提供者动机等方面辨别真伪。三是准确性，是指对同一信息源提供的信息在一致性、稳定性等方面进行信度的考察。四是有用性，是指要根据评估指标，运用系统分析和数理统计原理进一步对信息资料进行技术加工，寻求有用的信息。

2. 分类

经过审核后的信息资料仍然是杂乱无章的，因此，思想政治教育评估人员要根据信息资料的来源、内容和形式上的异同等不同的标准，将其划分为若干个层次和类别，共同构成一个有机的整体，使评估信息的资料实现系统化、规范化。

3. 汇总

评估信息资料汇总，是指把经过审核、分类后的信息资料做统一处理，来获得反映评估对象的全部信息。信息资料汇总根据评估的需要，编制大量的相关图形、图表等，这些图形、图表的制作不要统一的格式。

（四）处理评估结果

为了充分发挥思想政治教育评估积极的功能，还必须要正确处理评估结果，即对评估结果进行反馈和修正。

1. 反馈评估结果

反馈评估结果具有重要意义。首先，健全反馈系统。思想政治教育评估的结论有其特定性，因此，应成立专门的从事评估结果反馈调节的机构，这样就可以及时有效地反馈评估结果，为思想政治教育的正确决策、实施、改进和调节提供可靠保证。其次，畅通反馈渠道。评估结果的反馈全靠人来操作，因此，应建立岗位责任制，增强评估人员责任心，保证渠道通畅，提高反馈效率和质量。最后，做好疏导和激励工作。反馈评估结果必然会对评估对象造成一些影响。因此，评估对象对评估结果不满或怀疑时，应端正态度，认真核查，做好疏导工作；评估对象对评估结果产生骄傲或自满时，还必须明白评估只能说明过去的和当前的状态。

2. 修正评估结果

社会科学领域内的评估结果，很难通过一个评估过程就可以结束，还必须要对它进行不断的检验和适时的修正，进而确保评估结果的准确无误。检验、修正的方式主要可以采取以下几种：一是由评估者亲自进行检验和修正。评估者要反复思考，周密研究，如发现不当之处，应及时加以修正。二是由他人来检验、修正。可以通过会议、个别谈话、征求意见等方式，听取专家或与评估对象相关人员的看法。三是由评估对象来检验、修正。主要是辩证地吸取他们的意见，以客观态度来修正评估结果。

第五章　高校网络思政教育平台构建的基本分析

思政课网络教育平台，是基于数字技术、多媒体技术、虚拟现实技术等现代信息技术平台上的一种教学载体，是信息技术与思政课教学深度结合而设计出的一种有效学习环境，是集学习、考试、互动交流于一体的教学支持综合系统。构建思政课网络平台，能够对思政课教学起很好的辅助作用，有助于实现自主式、协作式教学，弥补传统教育模式之不足，增强课程的教学效果。随着互联网普及程度的提高，思政课网络平台的研究与建设受到越来越多的重视，获得了很大进展。

第一节　高校思政课网络教育平台的发展演变及存在的问题

一、高校思政治课网络教学平台的发展演变

（一）教学平台的发展概况

网络教学平台最早出现在国外，目前国际上主流的网络教学平台主要有商业平台和开源平台两种。商业平台主要有 Learning Space、Virtual、Blackboard、Top Class 等；开源平台有 Atutor、Sakai、Moodle、LAMS、Claroline 等。这些网络教学平台包含多种语言且简单易用，所以在世界范围内得到了广泛的应用。

我国网络教学平台应用的开始可以说是在 1994 年“中国教育和科研计算机网(CERNET)”示范工程的正式运行。2002 年，我国有 900 所左右的全日制高校成为中国教育科研计算机网络的用户，占国内高校的 84%。根据教育部科技发展中心公布的相关数据显示：截至 2010 年，98.4% 的高校的教学、科研、行政办公已经联入校园网，90.5% 的高校教室已提供了校园网络，74.3% 的高校在学生宿舍已经接入网络。校园网覆盖范围之广，为日后的高校网络教学平台的建设、应用提供基础条件。网络教学平台的发展分为三个阶段：

（1）课程为主体，将网络教学平台当作资料库为课程服务，并把课程资源存储到网络资源库中。

（2）管理为主体，着重关注学生的学习活动。网络教学平台主要管理课件目录、用户注册、学习者的信息数据记录等，针对学生的学习活动，提高良好的知识平台，为学生服务。

（3）教学与学生为主体，将网络教学的资源库与学生的学习生活放在同等重要的位置，以网络教学平台的资源和管理为基础，以学生的全面发展、能力的提高为前提，打造个性化教学。

网络教学平台的发展为思政课网络教学平台奠定了基础，目前思政课网络教学平台已经发展成集教学、学习、互动等功能为一体的较为健全的网络教学平台。

（二）高校思政课网络教学平台的阶段性成绩

21 世纪网络的空前发展，使得高校网络思政课的教学进入全面建设时期，国内全日制高校中，大部分已设有网络思政课的教学平台，如使用天空教室的有：南京大学、宁波大学、南通大学、南昌航空大学、华东交通大学等；使用清华在线的有：南开大学、南昌大学、西安交通大学、中央民族大学、江南大学、贵州大学等；使用 Blackboard 平台的有：上海财经大学、中国海洋大学、中山大学、西南大学等。在使用高校网络思想政治教育平台的同时，也不断地进行完善和建设，在功能上、内容上、形式上和教学效果上都有显著的提高。

功能上，不仅仅是单纯的资源存储和学习管理平台，而是综合型的网络教学平台。

网络平台中的课程内容与相关知识，教师与学生都可随意上传与下载，同时也有教师与学生的互动平台，提高了学生学习知识的效率。高校网络思政教育平台的主要功能有教师指导、师生互动和校园网服务等，其特征是资源丰富性、便捷性、开放性和交互性。

教学平台的以上功能对教学内容和教学形式进行了丰富，传统思政课的缺陷得以弥补，在教学过程中，逐步以教学课堂为主体，网络教学辅助教学课堂，两者紧密结合，使教学模式更加完善。教学平台的多功能提高了学生学习的积极性，加强了师生之间的互动，师生之间的关系更加密切，在提高学生文化水平的同时也提高了学生主动学习的积极性。

内容上，当今网络平台的迅速发展，信息量储存之巨大，丰富了教学内容。在内容的现实性和时效性上使高校网络思想政治教育平台从抽象到具体，由静态变动态。它不但整合了各种途径的资料，实现资源共享，而且还联系时事使思政课更具吸引力。如南师大思政课教学改革团队在平台中不但为学生提供自学课件，还提供了帮助学生拓展视野、深入理解教材知识的内容，如教学案例和阅读材料。

形式上，随着高校网络思想政治平台建设的不断完善，网络教学已从单一形式转换为综合形式，主要体现在文字、图片、音频和视频的相结合。这种多样性的形式使网络思想政治平台更具活力，学生学习的积极性也有所提高。不同形式的教学模式满足不同学生的教学，使教学更具针对性。

教学效果上，网络教学与课堂教学的结合，对学生了解思想政治理论课的认识有所提高，如南师大的思想政治理论课的点击率在学校网络教学平台上高于其他课程，在全校学生网上评课中思想政治理论课的平均分也高于专业课。

二、高校网络思政教育平台建设存在的问题

（一）内容陈旧，缺乏吸引力

随着世界多元化观念的到来，不同文化的相互碰撞，影响着大学生的人生观、价值观，学生的个性更加张扬，这主要体现在两方面，一是在学习上抵触传统灌输式教学，厌恶形式主义，乐于接受新知识，具有好奇心和怀疑精神；二是在生活上追求时尚，行为独立、富有创造力，依赖网络。

传统的高校思想政治课主要以课堂教学为主体，形式比较单一，对于在课堂上接受的知识不广泛，不能够满足学生渴望知识的要求。对于网络思想政治教育的出现，明显提高了学生对于新知识的渴望和诉求，更符合当今大学生的个性发展，同时也符合大学生的实际生活，保证了学生在学习过程中兴趣的提高。因此，学校为了满足学生需求，使思想政治教育有效发挥作用，建立了网络思想政治教育教学平台。

目前仍有部分高校的网络思想政治教育教学平台的内容，大多是《马克思主义基本原理概论》《中国近现代史纲要》《思想道德修养与法律基础》《毛泽东思想和中国特色社会主义理论体系概论》的 PPT 教案或 word 文档形式的教案及相关资料，内容单一，信息量匮乏。甚者单纯地将书本内容搬到网络平台上，致使网络平台没有发挥应有的作用，内容陈旧并造成不必要的资源浪费。

（二）网站访问量低

网站的访问量是通过用户点击网页次数的多少体现出来的。网站访问量是考核网站吸引力的重要指标，高校网络思想政治教育教学平台的好坏，也是通过访问量表现出来的。其中访问量越高，说明关注的人越多，越能够被人们熟悉，并能够达到网络平台教学的目的，发挥其重要作用。相反，访问量越低，说明网站的内容、形式不被多数人认可，达不到网络教学的目的。

高校网络思想政治教育平台的访问量、访问频率、访问时间体现教学平台的有效性，因此，增加平台的访问量、访问频率、访问时间对平台作用的有效发挥意义显著。事实上，大学生对于高校网络思想政治教育平台的了解很匮乏，认识不深，大部分学生认为关注网络平台没有必要。这种问题出现的原因主要有两点。

（1）大学生思想认识不足，不关注思想政治的学习。

（2）网络平台建设的单一，使得学生对学习不感兴趣，积极性差。

习惯是影响学生点击量的第二个因素，传统的课堂教学理念的根深蒂固，导致学生对其他的教学方式认同度不高，因此学生对网络教学的接受度需要适当的宣传来改变。网速慢是学校客观环境，对访问量低、频率少、访问时间短的影响仅次于学生对平台认知和学习习惯，具有明显影响。说明高校基础设施建设方面存在不足，如网络收费不合理且网速

慢，学校机房少，电脑配备率不足且机器老化，影响了学生对平台的有效运用。

（三）表现形式单一

随着互联网的发展，网络教学平台的建立有力地推动了思想政治教育的发展。网络教学平台以互联网为支撑，其多媒体特性使得思想政治教育内容表现形式多样化成为可能。多媒体技术具有声音、图像、视频等多种现代手段，可以把抽象内容转化为具体，枯燥的内容通过现代化手段变为有吸引力的内容。大学生喜欢以轻松的方式进行学习，敢于尝试新鲜教学方式，所以比较中意视频、图片、交流等形式。然而思政课网络教学平台并没有充分发挥互联网的多媒体特性，网站内容的表现形式较为单一。

在平台内容建设上，没有充分利用学生所喜爱的表现形式，平台内容大多是以文字资料、图片等形式表现出来，这些造成了大学生的视觉疲劳。一项调查显示，学生对思政课网络教学平台内容表现形式的偏好，视频认同度最高，其次为图片、音频，文字和互动形式所占比重较低。目前思政课网络教学平台的视频选取面较为狭隘，主要以授课视频、时事分析视频、重大事件视频等为主，难以激发学生线上学习的积极性。就视频而言，对教师的素质要求较高，视频内容不仅要有坚实的理论基础，还必须具备幽默的演讲方式和丰富的时事材料。普通讲课式教学视频对学生而言不具有吸引力，达不到提高学生学习积极性的要求。同时在思政课网络教学平台应用中，图片和音频也存在不足，图片制作所需精力较多，高校缺乏相关人员，教师缺乏精力或者制作效果不佳，达不到预期效果；音频的制作需要幽默演讲，制作相对较为简单，但是题材要求较高。

（四）无法满足学生需求

当代大学生的个性鲜明，需求多样化，思想政治教育单纯靠课堂途径，无法满足学生多样化的需求。思政课网络教学平台的超时空性、资源丰富性、资源共享性等特性，能够满足大学生的多元需求。为了提升思想政治理论课教学质量，就必须发挥传统教学和网络教学的优势，形成以传统教学为主、网络教学为辅的思想政治理论课教学模式。

但是在思政课网络教学平台使用过程中，出现了一系列的问题，主要表现为思政课网络教学平台功能无法发挥其应有的作用，因此无法满足学生多样化的需求。

从学生的需求而言，新颖的授课视频、独特的实证分析、案例分析、交流探讨对学生更具吸引力。学生希望从思想政治理论课学到的理论能够在现实中得到运用，学到分析问题、解决问题的方法。在网络教学平台的交流版块，他们可以就相关问题进行讨论，各抒己见，在讨论过程中，他们可以互相吸收他人正确的见解，学会从不同角度来看问题。

思政课网络教学平台的功能齐全，但其功能并没有得到应有的重视。思政课网络教学平台的教育主体比较重视理论学习和测试，上传大量马克思主义基本原理概论、毛泽东思想与中国特色社会主义体系概论等课程的教案和相关资料；同时组织教师设计了大量的试题，充盈试题库。其主要目的是强化对学生的理论灌输，以确保学生能在考试中取得良好的成绩。未能考虑学生的实际需求，开发平台中的其他功能，因此无法满足学生的需求。

把思政课网络教学平台的建设重点放在测试方面，网络平台的其他功能未得到有效开发，偏离网络教学的初衷，导致思政课网络教学平台流于形式，成为学生在线测试、完成作业的工具。

（五）互动性不强

教师与学生之间、学生与学生之间的互动在思想政治教育中非常重要，其互动的强度影响到他们之间交流的信息量、投入的程度、反馈的及时性，也直接影响到思政课网络教学平台的教学质量。因此，研究师生间、学生间互动，对于提高思政课网络教学平台的有效性具有重要意义。

在互动中，教师起着举足轻重的作用。教师组织的互动、设定的话题容易得到学生的认同，学生能够积极参与。在初始阶段，互动是由教师组织安排的，互动过程中的发展方向由教师进行引导和把控。教师是先导角色，在互动中注意自身的行为，同时对学生互动给予客观准确的评价，以提高师生互动的有效性。学生是教学活动的核心，教师要引导学生与学生之间就相关问题进行讨论。

问卷调查发现思政课网络教学平台的互动功能没有得到充分发挥，主要表现为互动频率低、互动范围有限、互动效果不佳。平台中虽然有网上论坛、答疑讨论功能，但是网上论坛并没有得到较好的开发利用，很多学生的好友列表、参与讨论的话题、发布的文章、“我的收藏”为空白。答疑讨论区中的互动方式没有得到较好的应用，究其原因在于教师没有重视其在网络教学平台互动中的重要性，学生没有意识到自身在互动中的作用。因此导致互动功能没有充分发挥，也使得思政课网络教学平台未能达到所期望的效果。

第二节　高校网络思政教育平台构建的可行性评价与需求分析

一、高校网络思想政治教育平台构建的可行性评价

校园网的 Internet 接入，为教育教学提供了大量的资源，为学校的教育教学提供了新的手段。网络在时间和空间上都有一定的优势。便于学生主动探索，还有利于发展联想思维，对学生的学习和生活都有很大的益处。

通过在工作中的实践，网络思政平台在高校的网络环境中具有可行性：

（1）高校拥有学生专用机房，并形成网络环境；

（2）学生开设了信息技术科学课程，学生有一定的计算机应用能力；

运用网络思政平台不是用网络课件代替教师的授课，也不是课本搬家以及把“文字课本”变“电子课本”，而是注重多媒体和交互特征，强调满足网络化学习的需要，让学生

真正参与到网络学习当中，对所学的知识点能够有深刻的认识，并有时事政治可以讨论，并能对别人的疑问进行借鉴，使自己的问题得到解答。通过答题和征文活动培养学生的思想修养和对舆论的正确理解和把握能力。

在当今信息化的社会环境下，在高校的教学工作中，应使用好这些信息化设备与资源，使其充分发挥作用为大学生的思想政治教育和教学服务，提高教育和教学效率与质量。

二、高校网络思想政治教育平台建设的需求分析

高校网络思政教育平台建设是我国社会主义现代化建设对高等教育的客观要求，是科技进步与时代发展的必然产物。面对当今错综复杂的网络环境和生存竞争，只有在思想政治教育方面的创新才能够使学生在现实生活中处理相应的问题，为社会培养出高素质的综合型人才，不仅拥有卓越的专业素养，更重要的是拥有高尚的道德品质，对社会主义思想道德有深刻理解，认真贯彻落实中国共产党的方针政策，热爱祖国，热爱本职工作岗位，具有主人翁责任感。只有通过完善、全面的教育令人民素质得以不断提高，社会主义现代化建设进程才能有效推进，紧跟经济全球化脚步，充分参与国际竞争，在世界舞台上展现中华民族的实力与魅力，为维护世界和平发挥更重要的作用。

（一）我国社会主义现代化建设的客观要求

我国举办的各项国际性的政治、经济、体育活动，充分向世界展现了中国的魅力，让世界了解中国的同时也令中国与世界其他国家的交流更加频繁。自 1978 年改革开放以来，我国的社会主义现代化建设取得了前所未有的成就，人民生活水平显著提高，国家在大力加强基础设施建设的同时更加对社会主义精神文明建设非常重视，根据时代发展和我国的现实情况进行教育改革，不断出台相关政策促进教育制度日益完善，面对网络技术高速发展给大学校园文化带来的影响，国家加强宏观调控，我国各大高校在校党委的领导下积极致力于高校网络思政教育平台建设创新，使大学生思想政治教育工作成为社会主义现代化建设的强大助力。坚持以学生为主体，教师积极引导，充分利用网络开放性的互联环境实现大学生的全面发展。

学生始终是整个教育体系的核心，他们是未来社会主义现代化的建设者，是国家科学发展的希望。高等教育体系培养出的大学毕业生不仅需要的是专业领域的人才，更要具有高尚的思想道德品质，坚决拥护中国共产党的领导，热爱祖国，热爱人民，通过自己的勤奋劳动实现人生一次又一次实质性的飞跃。升学、就业方面的竞争与压力是考验合格人才的标尺，网络技术带给人们的社会生产力的长足进步。善于运用心理学方法调适好心态，以饱满的精神状态肩负起时代赋予自己的建设使命，通过实践磨炼出最顽强的意志和必胜的决心。大学生只有成为符合社会发展的综合型人才，才能真正收获人生的成果，坚持正确的世界观、人生观与价值观，用社会主义思想道德武装头脑，秉持中华民族传统美德，增强抵御网络上不良信息的能力，善用网络，通过网络勇于实现自我，体现存在的价值。

任何人都不能脱离社会独立存在，个人的发展与社会紧密相连。高校网络思政教育平台建设注重学生的个性化教学，打破传统的课堂教学模式，将思想政治教育内容与客观现实有机融合，利用学生对网络的浓厚兴趣引导学生参与社会实践，在实践中学习科学文化知识、养成良好的行为习惯、提高自身的思想道德修养，充分挖掘学生潜能，因材施教，使当代大学生真正成为推动整个社会发展的强大力量。社会发展对高校网络思政教育平台建设工作不断提出新要求，全体教职人员共同努力，积极改进教育教学现状，培养出更多适合社会发展需要的综合型人才，从而促进整个社会主义现代化建设的可持续发展，各方面资源得以优化配置，师生关系互助和谐，教育系统乃至整个人类社会才能呈现出更多活力。

网络社会化使高校网络思政教育平台建设逐渐向社会化方向迈进，这同样是社会主义现代化建设的客观要求。社会主义的根本目标是实现共同富裕，这一理想状态需要物质文明建设与精神文明建设两手抓。教育是多数人的大众化教育，大学生思想政治教育工作更应当以大学生为主体，积极培养他们在未来社会精神文明建设过程中的支撑力量，实现网络与中国社会发展的有机协调，及时解决大学生使用网络过程中遇到的困惑，总结出行动准则，建立道德底线，消除困惑，从而使高校网络思政教育平台建设工作收获的实践经验成为社会主义精神文明建设的有益积累，为大学生思想政治教育工作的后续发展创造条件。

（二）国家安定繁荣政治局面的现实保障

提高人民的物质文化生活水平需要安定团结的政治局面，特别是青年学生群体，高校必须加强思想政治教育工作对学生进行积极引导，从而避免学生因为缺乏社会经验导致某些极端性行为产生，威胁他人生命以及财产安全。高校通过建立大学生思想政治教育主题网站向学生宣传先进的社会主义思想道德，帮助他们建立对现实世界的正确认知，并且以论坛发帖、在线交流等形式为学生及时答疑，避免不法分子煽动青年学生从事反社会活动，加强网络监管，号召学生遇到别有用心的网络信息及时举报，从而在整个校园环境中形成健康向上、严谨求实的治学氛围。

国家经济、政治稳定发展，人民生活水平才能从根本上有质量方面的改善。高校网络思政教育平台建设必须具有全局观念，教师对学生开展思想政治教育教学过程中渗透党的方针路线，引导学生关心时事，关注时事，用国际化眼光来看待当今的政治局势，站在国家战略高度提升自身综合素养。高校网络思政教育平台建设需求在不断增强，注重学生个性化发展的大学生思想政治教育工作与“大教育”理念并不矛盾，它是在尊重人、关心人、爱护人、理解人、提升人角度上的人本教育。高校网络思政教育平台建设的总体目标与整个国家的发展目标是一致的，充分实现大学生全面发展能够令全民素质教育更好开展，从而做到人尽其才，以百倍热情投入到社会主义现代化建设过程中，尽己所能维护安定团结的政治局面，提升中国的国际地位，充分构建和谐社会。

网络虽然是一个虚拟的社会，但积极健康的网络环境对现实世界大环境的安定团结有十分重要的影响。特别是有大量信息支持的网络舆论，必须通过建立健全网络管理制度对其进行有效把握。针对网络在大学生群体中引发的诸如网瘾等重点问题展开专项工作，政府与高校密切配合，保证校园网络环境和谐健康发展。加强爱国主义教育，引导学生与网络上的违法犯罪行为作斗争，意识到净化网络环境是每位用户应尽的责任和义务，这不仅关系到当代大学生思想道德素质的提升，还关系到未来教育事业的可持续发展。网络技术的发展趋势是实现虚拟世界与现实世界的有机联动，网络环境从“某种意义上折射出的就是现实社会，并且未来这一特征还会日益明显”。教育工作者不仅要通过思想政治教育法令规范学生的网络行为，在日常的教育教学过程中更要充分利用网络提高学生的参与度，使他们了解网络对维护国家安定繁荣政治局面的重要意义，从根本上树立网络诚信观念。

由于网络技术在我国迅速普及，网络安全日益受到人们的重视。应该说网络安全与国家安全有密不可分的联系。不法分子利用所掌握的高新技术窃取国家机密，或者从事其他违法犯罪行为，严重威胁到国家安全以及人民利益，而且这些不法分子中的部分人具有高学历，接受过多年的高等教育，不仅没有很好地把所学回馈社会，还成为危害社会和谐发展的毒瘤。因此高校针对网络安全问题开展思想政治教育工作是当务之急。除了在大学生思想政治教育课堂教学过程中引导学生抵制危害网络安全的违法犯罪行为，在诸如计算机专业的教学课程中也应该注重渗透社会主义思想道德，让学生意识到网络安全对国家安全的重要性，个人接受高等教育的目的是在适应和促进社会发展过程中实现自我价值，而危害网络安全的行为是与社会发展相矛盾的，不仅不利于个人的自我实现，还会因政局动荡导致整个社会发展受阻。人民是国家的主人，只有国家真正繁荣富强，才能实现更好的发展，高校网络思政教育平台建设恰恰从思想信念方面为国家的安定团结提供了坚实的保障，有利于经济迅速发展以及广泛开展国际合作，在经济全球化过程中参与国际竞争，提升综合国力。

（三）高新技术飞速发展的必然结果

高新技术的飞速发展不仅令高校网络思政教育平台建设的途径得以不断拓展，而且使相关内容得以不断丰富，并且始终在发展过程中向大学生思想政治教育工作提出新要求。高校网络思政教育平台建设体系只有与网络的开放性特征相适应，根据现实生活中的各种变化对内部结构进行相应调整，提高参与人员的综合素质，在创新中寻求本质上的变化，才能真正满足时代需求，令我国的精神文明建设成为推动物质文明建设的强大支持。高新技术飞速发展需要大学生思想政治教育工作勇于创新，面对网络给教育改革带来的契机，勇于迎接挑战，用理智的态度看待网络技术，注重创新过程中细节工作的实施，不片面夸大网络的作用但也不过分忽视网络对现实生活的巨大影响力，关键是通过大学生网络思想政治体制创新有效配合我国的社会主义现代化建设，使社会生产关系真正成为促进生产力进一步发展的积极因素。

对现实的固守代表了未来的发展滞后。日新月异的科学技术要求高校网络思政教育平台建设体系必须谋求主动创新，主动发展。总结以往教育经验，认真分析学生群体中存在的现实问题，不单单满足于大学生思想政治教育工作已经取得的成就，更重要的是随时发现新问题，充分发挥全体教职人员的合作力量，努力寻找新的更具建设性的教育模式，注重高校网络思政教育平台建设内容的及时更新，坚持社会主义思想道德观念，坚持以中国共产党的方针政策为指引，形成具有高校自身特色的思想政治教育创新理念，有重点、有针对性地展开工作。将创建研究型大学的设想与高校网络思政教育平台建设有机融合，利用校园网络构建大学生思想政治教育阵地。教育工作者特别是高校的管理者更应具有忧患意识，注重通过完善的思想政治教育体系对日常生活中的违法犯罪行为以及违背社会道德的行为严加防范，从预防环节开始深入培养学生良好的分析、思考、判断能力，明辨是非曲直，始终充满正义感。

在科学发展观的指导下，高新技术作为第一生产力，只有形成持续发展态势才能真正滚动历史车轮。与之相适应的高校思想政治教育体系也必须制定更加长远的教育规划，才能有效保障社会和谐。这其中创新是具有决定性质的关键因素。高新技术通过创新实现了一次次飞跃，高校网络思政教育平台建设工作则通过创新令许多现实问题被有效解决，并且形成良性循环体系，在学生与学生之间、学生与教师之间、教师与教师之间充分发挥先进人物的带头示范作用，使社会主义植根于师生的内心深处，成为人生观的灵魂所在，对个人成长以及整个人类社会发展都有巨大的促进作用。

（四）思想政治教育实践工作复杂性的需求

高校网络思政教育平台建设注重学生的个性化发展，这无时无刻都对大学生思想政治教育工作的创新提出客观要求。教师关心尊重每一位学生，针对学生遇到的现实问题积极引导，不仅在思想政治教育课堂教学方面孜孜不倦，更在其他专业课领域努力渗透社会主义思想道德，在日常生活中密切关注学生的网络行为，努力通过创新激发学生的学习兴趣。高校教师的工作量依旧非常大，客观上要求大学生网络思想教育模式整合各方资源，对教师的教学工作提供积极支持，将复杂的高校思想政治教育实践工作化繁为简，以创新理念和手段提高教师的工作效率，保证大学生思想政治教育工作的顺利进行。

人与人之间的相互影响同样导致了高校思想政治教育实践工作的复杂性。比起基础教育，高等教育具有更加广泛的开放性。学生除了在校园环境中接触到其他同学、高校的教职人员外，在校园环境以外还会接触到很多不同背景、不同资历的人。网络环境与校园环境的有机融合更加拓宽了学生对社会的接触面，彻底打破了时间与空间的界限，大学生只要通过网络就可以和自己的网友实现即时在线交流，不仅校园环境被缩小，整个社会环境也变得更加大众化。学生利用网络搜索和直接访问相关网站就可以在第一时间收集到最想知道的信息，这使得学生的个性化倾向更加明显。人的主观能动性被充分重视，有助于个体发挥创造性才能，但同时如果个体过分看重自我存在反而忽略了他人，容易滋生骄傲自满、妄自尊大的情绪，而大学生由于缺乏足够的社会经验，判断辨识能力尚且薄弱，必须要依靠高校网络思政教育平台建设的有效引导，以免犯下过于盲目的错误，或者被居心叵测之人利用。

教师教书育人的过程事实上也是自我综合素养不断提升的过程。高校网络思政教育平台建设不仅重视学生的主体性，还注重教师的主导性。国家和高校努力提供平台深入挖掘教师才能，在岗位责任制基础之上鼓励教师继续深造，借助在职培训、出国交流等机会丰富教师的专业知识以及社会阅历，从而成为大学生全面发展的坚实助力。教师除了要面对复杂的教学实践，个人还会受到升职、调薪、福利等各方面与物质文化生活息息相关的问题。在求实创新过程中，大学生网络思想政治外延不断扩大，与教师管理有关的内容也被涵盖其中。校领导必须对教师的生活问题重视起来，人员选拔、晋升机制要做到足够透明，组织带领广大教师积极学习中央文件，鼓励年轻教师积极入党，始终保持思想方面的先进性。教师把握好教育教学过程中以及日常生活中的社会主义思想政治原则，无论开展大学生思想政治教育工作中遇到何种问题都可以迎刃而解。

网络技术的飞速发展导致高校网络思政教育平台建设体系始终处在动态变化中。大学生思想政治教育工作不仅要总结以往教育经验，还要对新形势进行积极应对。变化始终是高校思想政治教育实践工作复杂性的根源所在，但如果善于利用创新有效把握变化，就会促成发展进而减少变化带来的复杂性。高校网络思政教育平台建设体制的日益完善需要全体教职人员的共同努力，充分发挥创新才能，继承我国先进的文化传统，在马克思列宁主义、毛泽东思想、邓小平理论、“三个代表”重要思想以及科学发展观的指导下勇于面对复杂的客观现实，坚持解放思想，实事求是，不仅要为学生的全面发展提供良好的物质条件，更重要的是净化网络环境，将网络文化纳入校园文化建设内容中，使我国社会生产关系始终适应生产力的发展。

第三节　高校网络思政教育平台构建的影响因素

一、平台要素分析

（一）操作的简便性

成功的网络平台首要的特质就是操作上简单。整合性技术接受理论 (UTAUT) 认为有四个因素影响主体接受事物，分别是绩效预期、易用预期、帮助条件、社会影响。其中易用预期包括感知易用性、系统复杂度、操作的便捷性。此理论认为易用预期直接影响人们接受事物的意图，在接受新事物时，个人会进行预测，易用性是必然考虑的，操作简单意味着个人在使用时会付出较少的努力。常玮、马玲根据 UTAUT 理论得出思政课网络教学平台的易用性即操作的便捷性是影响受教育者接受的因素之一。

简单的操作方式更能让人接受，相反，复杂的操作限制人们使用。当绩效预期、帮助条件、社会影响相当有利时，人们会忽略掉操作复杂带来的不便，而付出更多的努力去学习操作。但就目前的情况来看，高校网络思想政治教育平台的教学效果还不够明显，它不同于娱乐平台，即使操作复杂，但有足够的吸引力，人们也愿意接受并学习。而思政课网络教学平台是关于学习的综合性服务平台，它的吸引力远远小于娱乐性平台。当其操作流程复杂时，部分人会因为操作复杂而很少使用或放弃使用。事实正是如此，思政课网络教学平台的操作复杂、说明书繁琐，加大了师生投入在掌握网络教学平台操作的时间成本，降低了网络教学平台的使用率。因此，思政课网络教学平台的操作影响师生对平台的使用率。

（二）资源的丰富性

资源的丰富性对于高校网络思政教育平台具有非常重要的作用，是教学平台的命脉，是影响教学平台的重要因素。高校网络思想政治教育平台的资源主要包括两方面，一是数量、质量；二是资源的规范性和有序性。

平台的认可度从资源的数量和质量表现出来，直接影响学生的使用。学生喜爱的思政课网络教学平台所具备的条件应是平台资源丰富且权威，内容新颖，贴近生活。资源少、更新慢的网络平台不适合学生的使用，其内容是枯燥陈旧的，无法吸引学生去浏览，此种平台不会被大多数学生接受。当今时代信息发达，当平台无法为学生提供丰富、新颖的资源以满足他们需要时，学生会选择其他获取途径，如通过“百度”“谷歌”等去搜寻，这将削弱思政课网络教学平台存在的意义。

网络教学平台资源匮乏、陈旧影响着网络教学平台的点击量，更影响着思政课网络教学平台的有效使用。思政课网络教学平台资源的规范性和有序性也决定着学生对平台的认可度。当思政课网络教学平台资源丰富而具有权威性时，规范性和有序性对资源来说就至关重要。杂乱无章、规范性差的平台资源会给学生的学习带来不便，会抑制学生对思政课网络教学平台的使用。

（三）功能的适用性

思政课网络教学平台的功能关系到网络教学平台的使用率，关系到能否满足学生多样化需求，进而影响到学生的学习效果。思政课网络教学平台的功能包括平台现有的功能和实际实现的功能。平台现有的功能是指平台现存的所有功能，一般而言开发商投放市场使用的网络教学平台的功能比较齐全。各类型网络教学平台基本具有学习功能、管理功能、交流功能等几大功能。平台实际实现的功能是指平台现有功能得到有效发挥的那部分功能，由于受多种因素的制约，平台所有功能不可能都得到有效发挥。而平台实际实现的功能决定着思政课网络教学平台运行的有效性。平台实际实现的功能越多，越能满足学生的多样化需求，进而越能吸引学生使用网络教学平台。因此平台实际实现的功能与思政课网络教学平台的运行成正相关。

二、支持性因素

目前我国教育改革和发展面临前所未有的挑战，2012 年教育部制定的《国家中长期教育改革和发展规划纲要(2010—2020年)》中明确指出以教育信息化带动教育现代化，是破解制约教育发展难题的重要举措，是促进我国教育发展的重大战略决策。高校是教育信息化的实施者，因此高校的支持对思政课网络教学平台的有效应用具有重大意义。

（一）高校基础资源支持

网络基础设施的支持。高校必须具有较为完善的网络基础设施，一是网络硬件设施：提供较好的网络设备、网络信息接入点和计算机教室。配备计算机、教学投影仪和多媒体设备，完善多媒体教室。二是网络软件设施：校园网覆盖全校教学楼、办公室、图书馆和宿舍等区域。在教室、图书馆和重要会议室等公共区域设有无线网络，提供网络的移动接入服务。高品质的网络硬件软件设施是思政课网络教学平台有效运行的基础，为师生使用思政课网络教学平台提供了便捷条件。

资金、技术、政策支持。学校统筹安排网络教学平台的建设资金，在预算内经费中列出专门用于思政课网络教学平台建设费用。学校为思政课网络教学平台提供技术顾问，以保证平台的正常运行。学校应制定相关政策，积极落实思政课网络教学平台在全校的推广。另外制定奖励措施，对教师、学生给予一些物质奖励或精神奖励，以激发教师建设平台的积极性和学生使用平台的积极性。

高校基础资源是影响和制约思政课网络教学平台有效运行的客观因素。良好的基础资源能够促进思政课网络教学平台有效运行，反之则会阻碍思政课网络教学平台有效运行。因此高校基础资源关系到思政课网络教学平台的有效使用。

（二）高校提供相关培训

良好的培训是师生正确使用思政课网络教学平台的重要保障，影响着思政课网络教学平台的访问量。培训可分教师队伍培训和学生培训两大方面。

教师的培训主要从教师技术操作、教学理念两方面进行培训。技术操作培训：上传资料、论坛交流、课件的制作等。教学理念的培训：正视思政课网络教学平台在思想政治理论课的作用；转变教师在平台中的角色，把教师定位为知识的传播者而非知识的灌输者。

学生培训主要包括技术培训和观念培训。技术培训：网络教学平台的基本操作。观念培训：引导学生重视思政课网络教学平台，激励学生积极使用网络教学平台学习思想政治理论课。

培训的有效程度直接影响高校师生对思政课网络教学平台的运用。高校为师生提供思政课网络教学平台相关技能及理念培训，使师生端正态度，充分认识到平台的重要性，也使师生能够熟练使用思政课网络教学平台，避免师生因操作问题而抵触使用网络教学平台。

三、用户要素

学生是思政教学平台的主要用户，也是影响教育平台建设的重要因素，具体来说网络思政教育平台建设的用户影响因素主要包括以下几点。

（一）学生对网络教学平台的认知

认知是个体认识客观世界并对信息进行加工的活动，即对事物的认识和了解。学生对思政课网络教学平台的认知可以分为对使用网络教学平台必要性的认知、对网络教学平台构架了解程度、对网络教学平台操作的熟练程度等。学生的认知情况影响着思政课网络教学平台的使用及效果。学生对网络教学平台的认知度及对平台的认知度低，必然影响学生对思政课网络教学平台的使用。

对使用网络教学平台的必要性的认知度。网络教学平台以网络为支撑，含有丰富的资源，能够开阔学生的视野，同时思政课网络教学平台具有传统思政课所没有的特点，它能够弥补传统思政课的一些不足和缺陷，它是思想政治教育的又一重要手段。学生对使用网络教学平台必要性的认可度高，则有利于思政课网络教学平台在校的推广。

对思政课网络教学平台构架和操作的认知度。学生对思政课网络教学平台构架的认知度是通过了解平台各板块和功能来体现的。当学生不熟知网络教学平台构架的情况下，在使用平台过程中会无所适从，效率低下，会抑制学生使用网络教学平台的积极性。另外，当学生对网络教学平台操作不熟练，如出现无法下载资料或上传作业等问题时，必然影响到学生对网络教学平台的使用，故学生对思政课网络教学平台构架和操作的认知情况影响着网络教学平台的有效使用。

（二）学生对网络教学平台的投入

学生对思政课网络教学平台的投入，是指学生在使用网络教学平台时做出的投入和努力，包括情感投入和行为投入。

情感投入是指学生在使用教学平台时是否精神饱满、充满热情。学生的情感投入在很大程度上影响了学生使用网络教学平台的频率，影响其对网络教学平台内容的掌握程度。另外，学生的情感投入强度直接影响着教师的情感投入强度，当学生对网络教学平台投入感情时，会促使教师做出相应的回应，师生情感投入是互相影响的。因此，学生饱含热情的使用网络教学平台会促使教师积极加大对网络教学平台的建设。反之，学生的情感投入少会抑制教师的情感投入，进而影响教师对思政课网络教学平台的使用及建设的积极性。

行为投入是指学生采取实际行动去使用思政课网络教学平台的行为。如课余时间经常浏览、下载相关资料，上传作业、在线讨论、在线测试等。学生的行为投入会促使教师的投入加大，同时也会使学校、教师更加重视思政课网络教学平台的建设。

第六章　高校网络思政教育平台的方案、技术与系统设计

高校网络思想政治教育平台的方案、技术与系统设计是建立高校思政网络教学体系的基础。在互联网技术不断成熟的今天，必须紧跟时代的步伐，了解技术前沿，用最合理的技术搭建网络思政教育平台。在网络思政平台建设的过程中，需要从平台框架的搭建、数据库的设计以及系统设计等几个方面进行技术突破，以使用的便捷性和系统的稳定性为指导，搭建成熟的思政网络教育平台。

第一节　高校网络思政教育平台的框架

一、Spring.net

Spring.net 一经面世就受到大家的关注，它的出现使开发企业应用程序开发变得简单，提高了生产力。关于 Spring.net 的内容很多，在本文中主要介绍控制反转 IOC 和 bean 的管理。近几年几乎每隔几个月就有新的轻量级容器出现，这些容器能够帮助开发者快速地将不同的组件组成一个应用程序，而这些容器都使用了同样的装配模式——反向控制，也就是 IOC，英文全称是 Inversion of Control。

Spring.net 框架是一个分层架构，由 7 个定义良好的模块组成。Spring.net 模块构建在核心容器之上，核心容器定义了创建、配置和管理 Bean 的方式。组成 Spring.net 框架的每个模块或组件都可以单独存在，或者与其他一个或多个模块联合实现。

（一）IOC

传统的被调用者是由调用者来创建的，比如说 Apple apple=new Apple()；那么被调用者 apple 就是调用者 new Apple() 创建的。但是在 Spring 框架中，创建被调用者的工作是由 Spring 框架来完成的，然后注入被调用者。这种控制权从调用者到 Spring 框架的转移称为 IOC(控制反转)。这样做的好处有三点：

（1）降低耦合。

（2）代码量减少。

（3）扩展性增强。

关于扩展性增强还要补充说明一下，比如要在代码中增加一个新的物品，传统的方法要在代码中增加许多新的代码；但在 Spring 框架中，只用修改 XML 配置文件就可以了，原有的代码不用增加任何修改，所以说代码的扩展性增强。

所谓注入方式就是靠 Spring 框架来注入实例的不同的方式。下面说明两种不同的注入方式：

（1）设值注入：设值注入即 set 注入，就是在程序中给每个变量都增加一个 set 方法，用来设置该属性的值。

（2）构造子注入：构造子注入就是在需要注入的类中定义一个构造方法，在构造方法中定义需要注入的实例元素，通过类的构造器来完成协助该类工作的其他实例的初始化。

两种不同的注入方式的区别：

（1）设值注入的实体类中给实体变量增加了 set 方法，构造子注入则将实体类的实体变量放在了构造函数中。

（2）设值注入的 XML 配置文件中使用的是 property 属性来给实体变量注入值。而构造子注入使用 constructor-arg 属性来给实体变量注入值，在配置文件中可以使用 index 关键字来标识当前这个 <constructor-arg> 对应构造函数中参数的位置。

（二）bean

bean 是 Spring 装配的组件模型，一切实体类都可以装配成一个 bean，进而就可以在其他的 bean 中使用。下面就 bean 的标识、bean 的五种装配模式和 bean 依赖检查的四种模式一一加以说明。

bean 的标识 (id 和 name)：bean 的最外层标识是 beans，多个 bean 自然就是 beans 了。每个完整的 bean 由 <bean></bean> 这样的闭合标签来表示。id 属性是唯一的，每一个 bean 只能有一个对应的 id。name 属性可以指定一个或多个名称，各个名称之间用逗号隔开，第一个默认为标识名称，后面的多个自动成为这个 bean 的别名。

bean 的 5 种装配模式：不管是使用设置注入还是构造子注入，很多时候都有很多变量和构造函数，这样就需要在 bean 中配置很多 property 或 constructor-arg，Spring 提供了五种装配模式就需要通过配置 bean 的 autowire 属性简化 bean 的配置。

1. 通过名称 (byname)

byname 是通过 bean 属性名称进行自动装配的，在配置文件中查找和实体类属性相同名称的 bean。

2. 通过类型 (bytype)

bytype 就是通过类型来自动装配，系统会根据类型来给实体类的属性装配同样类型的 bean。

3. 通过构造函数 (constructor)

constructor 模式就是通过构造函数的参数类型来进行装配。可以说是 contructor 的 byType 装配。

4. 自动装配 (autodetect)

根据 bean 的结构自动选择使用设值注入或者构造子注入的 bytype 装配。

5. no 模式

不使用自动装配，必须通过 ref 元素指定依赖。在本项目中使用的是 no 模式。

bean 依赖检查的四种模式：由于提供了 5 种自动装配的模式，而且装配模式都是隐式的，没有 <<ref> 标签来直接指定 bean，这样一来，bean 多了就不能看出是否能够自动装配，这时需要一个装配的检查，也就是依赖检查。

（1）simple 检查模式。simple 模式指的是对基本类型，字符串和集合进行依赖检查，如果有就进行装配，如果不存在会抛出异常。

（2）object 检查模式。object 检查模式表示对依赖的对象进行检查，如果不存在会抛出异常。

（3）all 检查模式。all 模式表示对所有的属性均进行检查，如果不存在会抛出异常。

（4）none 检查模式。none 模式表示不进行任何依赖检查。在本项目中使用的是 none 模式。

二、NHibernate

（一）NHibernate

NHibernate 是 .net 应用和关系数据库之间的桥梁，它负责 Asp.net 对象和关系数据之间的映射。在我们的项目中也就是负责实体类和数据库表之间的映射。

在基于 MVC 设计模式的 Asp.net 应用中，NHibernate 可以作为模型层 / 数据访问层。它通过配置文件和映射文件把 Asp.net 对象或持久化对象映射到数据库中的数据表，然后通过操作 PO，对数据库表中的数据进行增、删、改、查等操作。

NHibernate 体系结构如图 6-1 所示。

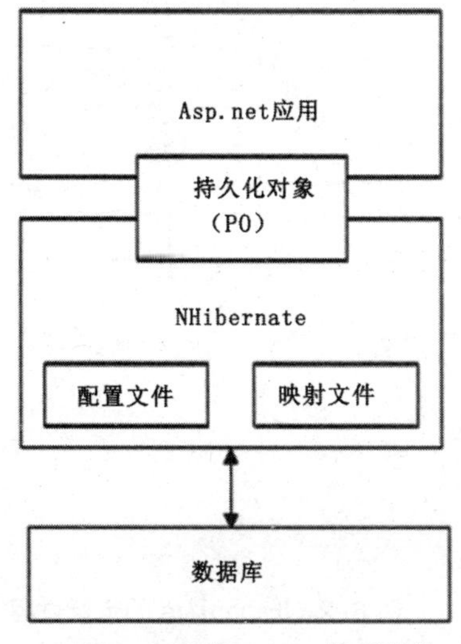

图 6-1　NHibernate 体系结构

NHibernate 主要用来配置数据库连接参数，例如数据库的驱动程序、URL、用户名和密码等。它有两种格式：hibernate.properties 和 hibernate.cfg.xml。两者的配置内容基本相同，但后者的使用稍微方便一些。一般情况下，hibernate.cfg.xml 是 Nibernate 的默认配置文件。

映射文件用来把 PO 与数据库中的数据表、PO 之间的关系与数据库表之间的关系，以及 PO 的属性与表字段一一映射起来，它是 NHibernate 的核心文件。

持久化对象 (Persistent Objects，PO) 在 NHibernate 中存在三种状态：临时状态 (transient)、持久化状态 (persistent) 和托管状态 (detached)。当对象在内存中孤立存在，不与数据库中的数据有任何关联关系时，那么对象就称为临时对象 (Transient Object)；当它与一个 Session 相关联时，就变成持久化对象 (Persistent Object)；在这个 Session 被关闭的同时，这个对象也会脱离持久化状态，变成脱管对象 (Detached Object)，可以被应用程序的任何层自由使用。

(二)NHibernate 运行过程

NHibernate 的运行过程如下：应用程序先调用 Configuration 类，该类读取 NHibernate 配置文件及映射文件中的信息，并用这些信息生成一个 SessionFactory 对象，然后从 SessionFactory 对象生成一个 Session 对象，并用 Session 对象生成 Transaction 对象；可通过 Session 对象的 get()、load()、save()、update()、delete() 和 saveOrUpdate() 等方法对 PO 进行加载、保存、更新、删除等操作；在查询的情况下，可通过 Session 对象生成一个 Query 对象，然后利用 Query 对象执行查询操作；如果没有异常，Transaction 对象将提交这些操作结果到数据库中。

NHibernate 的运行过程如图 6-2 所示。

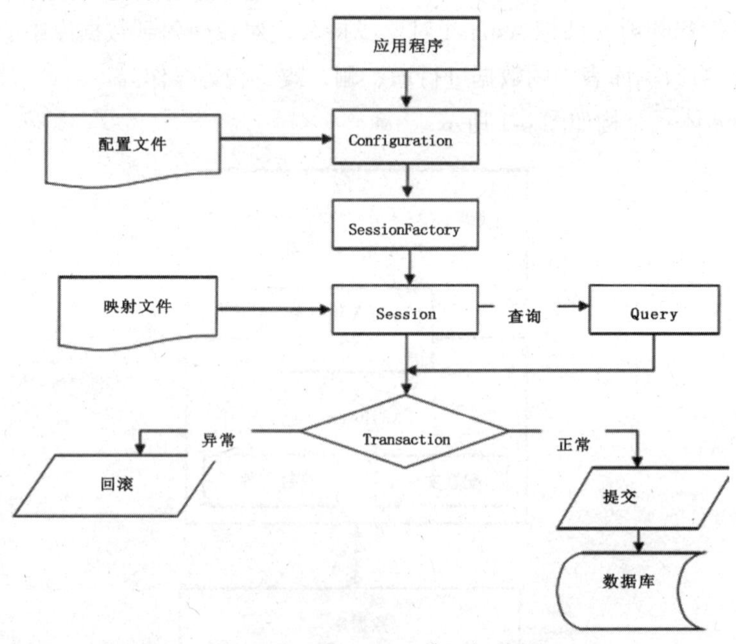

图 6-2 NHibernate 的运行过程

通过以上介绍，发现 Spring.net+NHibernate 架构有许多优点，适合于大中型软件项目的开发和实施。本系统决定采用 Spring.net+NHibernate，与 Asp.net 语言配合使用。

第二节　高校网络思政教育平台的数据库

一、Oracle9i

Oracle9i 是业界第一个完整、简单的用于互联网的新一代智能化的、协作各种应用的软件基础架构。Oracle9i 实际上是指 Oracle9i Database、Oracle 9iApplication Server 和 Oracle9i Developer Suite 的完整集成。随着软件逐渐开始转变为一种托管服务 (hosted services)，具有 Internet 上的高伸缩性能的、智能化的和可靠的 Oracle9i 将成为高质量的电子商务服务实现的关键软件。Oracle9i 的特性和功能如下：

（1）可以支持成百上千的客户。

（2）提供了基于角色 (ROLE) 分工的安全保密管理。在数据库管理功能、完整性检查、安全性、一致性方面都有良好的表现。

（3）支持大量多媒体数据，如二进制图形、声音、动画以及多维数据结构等。

（4）能在 C，C++ 等语言中嵌入 SQL 语句及过程化 ((PL/SQL) 语句，对数据库中的数据进行操纵。提供了新的分布式数据库能力。可通过网络较方便地读写远端数据库里的数据。

二、SQLServer2005

SQLServer2005 不仅仅是先进的企业级数据管理平台，还是开发平台。其主要特点有：（1）引入了由管理工具和管理应用编程接口 (API) 组成的集成化套件用以降低操作的复杂度。

（2）主要改进包括表分区、增强复制功能和 64 位支持特性。

（3）允许使用任何 Microsoft .NET 语言开发数据库对象的能力。

（4）增添新的 XML 数据类型。

（5）新增查询类型和在事务中进行错误处理的能力。

第三节　高校网络思政教育平台的关键技术

ASP.NET 是一个统一的 Web 开发模型，它包括您使用尽可能少的代码生成企业级 Web 应用程序所必需的各种服务。ASP.NET 作为 .NET Framework 的一部分提供。当编写 ASP.NET 应用程序的代码时，可以访问 .NETFramework 中的类。您可以使用与公共语言运行库 (CLR) 兼容的任何语言来编写应用程序的代码，这些语言包括 Microsoft Visual Basic，C#，JScript .NET 和 J#。使用这些语言，可以开发利用公共语言运行库、类型安全、继承等方面的优点的 ASP.NET 应用程序。所以 Asp.net 技术也是一种十分优秀的技术，决定满足客户的要求，采用 Asp.net 技术。

第四节　高校网络思政教育平台的系统设计

一、思政理论子系统

思政理论子系统其实是一个信息发布系统。完整的信息发布系统包括多个模块，每个模块有多个功能，通过整合，它们形成一个完全集成的基于 WEB 的方案。内容发布系统主要包含以下模块：栏目管理、文章管理、管理员管理、前台文章显示、前台文章按知识点跳转到思政论坛五大模块。

以文章栏目管理模块为例简要说明一下管理模式，所谓文章栏目，也就是说文章的分类，每一条文章都应该属于一个栏目，一个栏目可以包含多条文章。栏目管理主要提供了增加栏目、修改栏目、删除栏目三种功能。

其中，在思政平台中，新闻分类主要是根据马克思主义中国化最新成果，理论热点聚焦，大学生学习观，哲思驿站 (即哲理小故事)。这些栏目的内容可以按科目知识点分类。

新闻页面采用动态读取的方式，即新闻内容保存在数据库中，新闻对应的数据库包含如下字段 (知识点、标题、发布时间、链接地址、作者、文章内容)，其中链接地址和文章内容为互斥字段，即若链接地址字段有内容，则表示当前文章是链接到外部地址的，文章内容为空；若文章内容非空，则表示当前文章为手动添加的文章，文章内容字段保存了文章内容的 HTML 形式，此时链接地址为空。对于自定义的文章，其中涉及的图片、附件等信息均以文件的形式存储在服务器端指定目录下，数据库中只保存内容页面布局的 HTML 代码。

文章内容页为设计好的样式，当浏览某个文章时，根据文章表的主键 (发布时间) 在数据库中查找到对应的所有字段，并将其显示在内容页的指定位置。

文章管理部分包括文章的发布，删除，修改等常见功能。其中文章发布时的内容需要根据自身需要对第三方工具进行配置和修改。文章页面中可以包含常见所有内容、文字、图片、超链接、附件文件、音频 / 视频等。

通过文章管理模块主要可以完成以下任务：

（1）添加新的文章，文章为系统的主要内容，其中文章包括普通文章和图片文章；

（2）修改文章，同时可以更新文章的图片；

（3）删除文章，同时从服务器上删除该文章所包括的图片；

（4）搜索文章，将文章按知识点、标题、作者、发布时间等条件检索出来，方便对其进行操作。

对于文章栏目的信息数据库，可以列出以下数据项和数据结构：栏目 ID(自动编号)、栏目名称。对于管理员信息数据库，可以列出以下数据项和数据结构：管理员 ID(自动编号)、名称、密码、级别 (数字)。对于文章内容信息数据库，可以列出以下数据项和数据结构:文章 ID(自动编号)、文章标题、文章内容、栏目 ID、知识点、点击次数、时间和日期、文章作者、文章来源。

各表之间的联系 E-R 如图 6-3 所示。

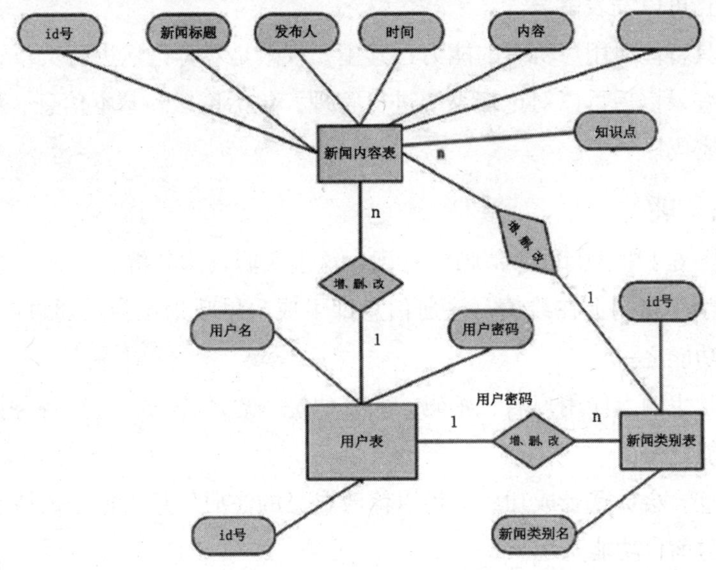

图 6–3 文件管理 E–R 图

二、思政论坛模块

思政论坛模块的功能结构如图 6-4 所示。

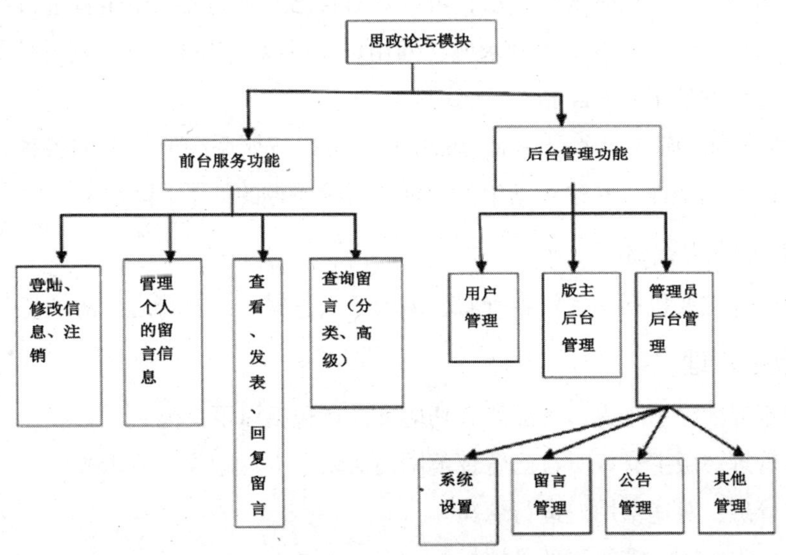

图 6–4 思政论坛模块结构示意

（一）系统用户角色划分

（1）普通 (游客) 用户，是该论坛的一种用户，普通用户以游客身份登录本系统，只具有察看帖子的功能，不能留言。

（2）注册用户，具备普通用户所有的能力。并且是已经注册了的用户，可以登录、修改个人信息，并且可以发表留言。

（3）版主，具备注册用户所有的能力，其主要权限是对分论坛进行文章管理。

（4）管理员登录以后可以对论坛系统进行管理，包括论坛的基本信息、用户设置，还可以修改管理员密码。

（二）前台功能

前台功能在图 6-4 中我们能够清晰地看到，这里我们具体分析。

（1）注册。学生在网上在线填写注册信息即可成为思政论坛会员通过前台功能实现，是前台最主要的功能之一。

（2）登录。学生输入如用户名、密码、验证码进入思政论坛，进行各种操作，这也是前台最重要的功能之一。

（3）修改信息。会员登录成功后，可以修改自己的注册信息，如密码或者其他的内容等，这些都要通过前台功能实现。

（4）在线注销。会员登录成功后，可以在线注销。此后将不再拥有登录后的在线权限。

（5）发表帖子。注册用户登录成功以后，可以在某版块发表自己的帖子。

（6）回复帖子。注册用户登录成功以后，可以在某版块针对某个帖子进行回复。

（7）修改留言。用户登录成功以后，可以针对自己所发表的某个留言进行在线修改。

（8）删除留言。用户登录成功以后，可以针对自己所发表的某个留言进行在线删除。

（9）分类查询留言。游客或者登录成功的用户，可以选择自己感兴趣的分类版块，并察看其中所感兴趣的帖子 (留言)。

（10）高级查询。游客或者登录成功的用户，可以按照系统所给定的各种查询选项选择自己感兴趣的查询条件，并察看其中检索到的所感兴趣的帖子 (留言)。

（三）学生信息管理

学生信息管理主要包括学生资料查看、编辑个人资料、好友管理、短消息管理等。

（四）版主管理

版主的管理界面除了个人后台的所有功能外，还包括以下功能：

（1）帖子管理：版主有权对自己管理范围内的帖子进行删除、编辑操作。

（2）用户管理：对违章用户进行惩罚。

（3）版块公告发布：需要管理员授权。

（五）管理员后台

1. 管理员权限

管理员后台拥有版主的所有权限，还有以下权限：

（1）整个论坛账户的删除

（2）公告发布。

（3）论坛设置。

（4）版主设置 (添加、更改、废除版主)。

（5）后台账户管理 (密码修改)。

（6）版块管理：添加版块，子版块，设置版块版主。

2. 系统管理员功能描述

（1）系统管理员登录。系统管理员通过用户名和密码登录，系统验证用户名和密码是否正确，如通过验证则系统显示管理员页面。

（2）论坛基本信息管理。对网站参数、通行证设置、COOKIE 设置、公告设置进行管理。

（3）打开 / 关闭论坛。对论坛进行打开或者关闭操作。

三、网上答题系统

网上答题系统主要包括学生端，教师端。首先是学生端，需要学生在登录后实现答题、查询成绩和修改密码功能。其次是教师端，需要教师在登录后实现学生成绩查询、学生排名，网上答题题库的增、删、改查以及密码的修改，系统功能需求见图 6-5。

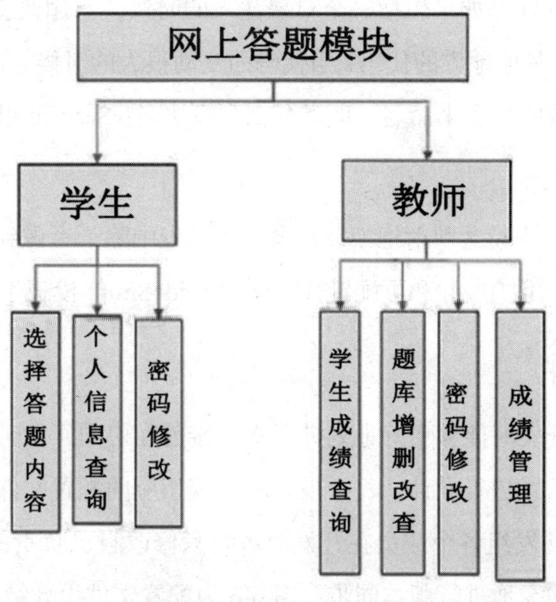

图 6–5　网上答题系统示意

四、架构设计

为了使系统具有良好的结构，并使业务层从系统中独立出来，以便于扩展与重用，本系统采用层次体系结构设计方案。系统共分为表现层、Web 层、业务层、数据持久层四个层次，每一层都使用了相应的开源技术。

（一）表现层设计

表现层使用 Aspx 页面作为呈现技术，并采用一些 javascript 来实现与客户的交互工作，增强用户体验。

（二）Web 层设计

Web 层根据项目需求及页面设计实现页面的 code behind 文件，来响应页面操作事件，并通过调用业务层代码来实现分层的业务操作。code behind 文件一般为页面名字后面加上 .cs。比如 MainPage.aspx 文件的 code behind 文件为 MainPage.aspx.cs。

（三）业务层设计

业务层采用面向接口设计，其好处有：

（1）分工合作，提高效率；

（2）有利于复用；

（3）低耦合。

在实际编程中的好处是如果想换一个对象注入的时候，只用改变 XML 配置文件的相应地方即可，不用改变其他地方的代码，当代码的变动很大的时候它的好处就体现出来了。模块一般根据业务领域的概念来命名，而类名则为模块名 +Service 组合而成。

（四）持久层设计

采用 NHibernate 作为持久映射框架，在设计的过程中除了考虑到了用户的需求外还需要考虑系统的灵活性、可扩展性和可配置性。使用 CodeSmith 模板生成 Entity 和 DAO。

五、配置文件

为了便于系统在开发时能够更好地划分职责，避免在协同开发时产生版本冲突，配置文件也按照模块化的方式进行设计，每个模块配备其相应的配置文件。通过采用这种模块化的配置文件设计，开发组各个成员在开发时各自只修改自己负责的模块内的配置文件，各开发成员能够互不冲突地进行版本同步。图 6-6 为配置文件设计结构。

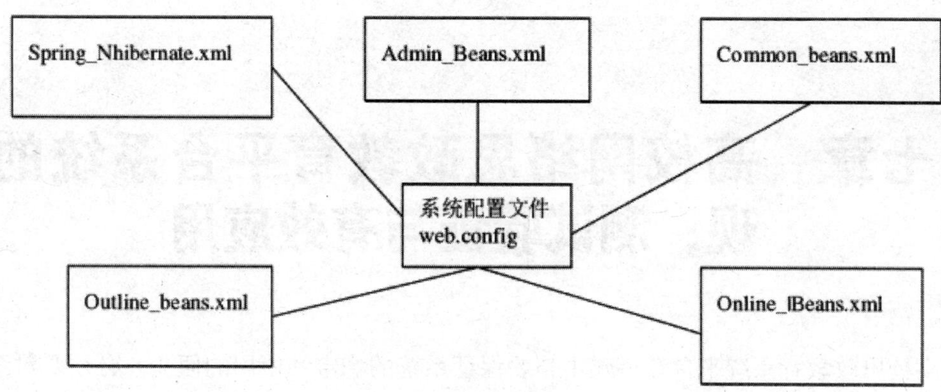

图 6-6 配置文件设计结构

中心的 web.config 为 Web 层的配置文件，以 Beans.xml 文件结尾的配置文件是几大功能模块在 Web 层的相关配置，这五个配置文件被 web.config 所包含。左侧的 spring_Nhibernate.xml 为数据持久层的配置文件。

由于配置文件是在系统启动以后初始化并缓存到内存中的，所以采用这种设计仅会延长系统启动时间，对于程序运行时的效率并无影响。

第七章　高校网络思政教育平台系统的实现、测试验证与有效应用

高校思政教育系统平台在搭建中，要保证系统的稳定和使用的便捷，必须要对系统实现进行合理的设计，并针对相关功能进行测试验证，保证其有效性。这里我们通过对这几个问题的分析，对搭建功能齐全、运行稳定、使用便捷的思政网络教学平台给出建议，并根据当前实践，对平台的有效应用与推广进行深入分析。

第一节　高校网络思政教育平台系统的实现

一、开发框架整合实现

系统总体框架下就核心功能如何实现是思政网络平台搭建中必须解决的问题。一般来说系统实现包括开发框架骨架的搭建、各个层的实现、Spring 整合各层、核心模块的实现。

（一）表现层实现

表现层使用 aspx 文件来实现。微软的 aspx 文件最大的好处是编写简单且易于美工处理。在视图设计器中可以比较完整地重现客户端效果，方便美工对页面做调整。编写的语法接近于 html，因此很容易从其他平台迁移到 asp.net 的开发中来。

（二）Web 层实现

系统 Web 层使用 asp.net 开发框架，通过 asp.net 框架的支持，系统在生成页面时同时产生的一个 code behind 文件，我们只需编辑这个 code behind 文件即可完成对于页面级处理的要求。

（三）业务层实现

系统业务层是面向接口设计的，接口是根据需求来进行设计的，接口设计时都编写了非常详细的注释，一般来说开发人员不需要查看其他文档，仅根据接口注释就能编写业务层实现。

另外业务层不依赖于任何开发框架，仅仅是非常干净的 c# 代码，所以在此并不给出业务层代码。

（四）数据持久层实现

数据持久层采用 Hibernate 技术实现。本层实现使用代码生成工具生成了一些模板化的代码。

1. ICBasicinfoDAO 接口

ICBasicinfoDAO 与 CBasicinfoDAO 应用了 Dao 设计模式，它将上层业务与数据库实现技术隔离开来。

2.CBasicinfoDAO 类

CBasicinfoDAO 应用了 Template 设计模式，它将 Hibernate 在操作数据库时的一些重复乏味的样板式代码封装起来。

当使用 Hibernate 进行数据操作时，往往都分为这些步骤：打开 Session、开启事务、数据库操作、提交或回滚事务、关闭 Session。其中只有数据库操作这一步是我们最关注的。从上面代码可以看出，我们将那些数据库操作的以外的重复代码利用 Template 模式封装起来，可以极大减少代码冗余，减轻编码的工作量。

（五）Spring 整合各层

从以上各层的代码实现上我们可以看到，代码中并没有任何地方出现过 new 关键字，也就是说我们不需要自己手动创建对象，创建对象的工作全部交给 Spring。 Spring 采用依赖注入的方式管理我们系统中的依赖关系。这样做的好处就是将创建对象和使用对象分离开来，可以更深地解耦系统。

二、开发环境

操作系统：Windows 2008

IDE ：Visual Studio 200_5

.Net Framework ：.Net Framework2.0

数据库：Oracle9i

Web 服务器：IIS 6.0

三、系统运行环境

服务器：HP DL580

操作系统：Windows Server 2003

服务器内存：8G

数据库：Oracle9i

Web 服务器：IIS 6. 0

第二节　高校网络思政教育平台系统的测试验证

一、集成测试

集成测试就是把若干个经过单元测试的模块(或单元)组装到一起进行的测试。根据测试过程中组合模块的方式，可以把集成测试分为两种：非增式集成，即先分别测试每个模块，再把所有模块组装在一起进行测试；增式集成，也称为递增集成法，即逐次将未曾测试的模块和已测试的模块结合成程序包作为一个模块进行测试，逐步集成出整个系统。增式集成根据集成操作方向又可以分为自顶向下和自底向上两种方式。

集成测试设计测试用例的方法主要采用白盒与黑盒两种方法相结合(也称为灰盒测试方法)。集成测试主要关注的点有：模块间的消息接口、模块间的功能流程、模块间使用的数据表、子系统的处理性能、输出检查点等。

二、功能测试

功能测试是利用功能测试法进行动态测试，需要测试软件系统的功能，不需测试内部结构和处理过程。功能测试由测试人员设计测试用例并逐一进行测试。

三、安全验证测试

本系统采用先登录、后操作的方式。因此，必须测试有效和无效的用户名和密码，并注意到是否大小写敏感。另外，还要测试在超过了系统设定的登录次数限制后，是否可以不登录而直接浏览某个页面等。

本系统有超时限制，也就是说，用户登录后在一定时间内(30分钟)没有点击任何页面，需要重新登录才能正常使用。所以，也必须对其进行测试。为了保证本系统的安全性，日志文件是至关重要的，必须测试系统的相关信息是否写进了日志文件以及是否可追踪。

四、测试结果分析

本系统共设计了上百个单元测试用例、集成测试用例和功能测试用例，覆盖了系统的核心功能。程序员在进行单元测试时，必须在通过测试以后才能够提交到版本服务器中，所有的单元测试都已通过。集成测试、功能测试、兼容性测试和安全性测试也都已通过。从测试结果来看，本软件已经基本达到设计目标，完成了工作任务。

第三节　高校网络思政教育平台有效应用的对策

要想改善思政课网络教学平台应用的主导影响因素，必须充分发挥发挥学校、教师、学生的作用，才能优化思政课网络教学平台，最终达到思政课网络教学平台的有效应用。

一、加大思政课网络教学平台宣传力度

创新推广理论，新事物的推广过程必须依赖宣传。宣传有两种途径，人际宣传和大众宣传。大众宣传的信息覆盖率广，能够辐射的人群十分广泛，但接受率相对较低；人际宣传覆盖率比较窄，能够辐射的人群范围较小，但人际宣传的说服效果好于大众宣传。

（一）学校宣传

学校宣传属于大众宣传，能够让学生迅速了解到相关的信息。学校宣传组织性较强，并且具有一定的权威性，在网络思政教学工作中效果比较显著，学校应该积极采用。

首先，学校相关部门通过文件将思政网络教育平台的相关信息发送给各个院系，各院系组织师生学习文件内容，为思政网络教学平台的推广和使用奠定基础。其次，新生作为思政网络教育平台的主要推广群体，在入校教育中要进行重点推广和宣传。比如，针对新生开展专题讲座，向新生介绍思政网络教育平台的使用方法，并组织相应的活动让学生体会到网络平台教学的雷区。再次，还可以利用校园媒体和各种宣传渠道对思政网络平台教学进行宣传，提高学校师生对互联网思政教学平台的认识。

（二）教师宣传

学校在教学信息宣传方面具有天然的优势，教师推荐给学生的信息作用更加明显。创新推广理论结合了传播学的知识，在信息传播的最初阶段，推广对象群体中的“意见领袖”能够促进推广对象群体更快地接受推广内容，而教师在学生群体中处于“意见领袖”的位置，因此在网络思政教学平台的推广中充分发挥教师的作用，能够使推广活动更快见到效果。教师意见领袖作用的发挥不仅是对网络教育平台的人力宣传，还要将其融入自己的教学理念和课堂实践当中，让学生切实感受到网络思政教育平台与自己的紧密关系，促进他们更快地接受网络思政教育系统，并尝试使用。

二、将思政课网络教学平台的使用纳入考核机制

考核是针对某项活动的评估结构，它注重过程的管理。将网络思政教学平台纳入到教师和学生考核机制中，能够从制度上为平台系统的推广提供保证，同时也可以促进教师对网络思政平台教学内容的完善。

（一）将思政课网络教学平台建设纳入教师考核机制

将思政课网络教学平台的建设纳入教师工作考核机制，对于加快网络思政平台的推广普及及内容完善具有至关重要的作用。在实际教学中，教师对网络思政教育平台的关注度和重视度都偏低，一方面是由于多数的思政网络平台建设只停留在理论论证层面，没有真正地建设实施；另一方面是由于教师承担额外的工作任务，却未纳入工作成效评估机制，积极性受到制约。

教师考核机制能够有效地刺激教师在网络思政教学系统推广、建设中的主动性。比如网络思政教学平台工作的成果，直接与教师的薪资待遇、职称评定、职务升迁挂钩，能够极大地刺激教师在网络思政教学系统中的作用发挥。

积极性是做好一项工作的基础性因素，如果不能从根本上刺激教师在网络思政教学平台推广中的作用，推广效果将大打折扣。此外，在教学成果评定中，要将网络思政教育平台的工作成绩纳入其中，网络思政平台教学系统的工作成效将直接影响教师的综合评定。

（二）将学生在思政课网络教学平台的表现纳入总评成绩

考试成绩是一种刺激作用极强的学习要素，优异的成绩能够激发学生的成就感和积极性，形成学习的内在驱动力。如果学生在思政网络教学中的表现游离于学生成绩评分系统之外，不仅不能激发学生的学习兴趣，还会被他们当作一种负担摒弃掉。在这种心理之下，学校应该将思政网络平台教育系统的相关表现纳入学生成绩评分系统，让学生感受到思政网络教育系统的重要性和存在价值。在这一举措的刺激下，学生必然会开始接触并使用思政网络教学平台，随着使用频次的增加，学生会逐步体会到网络教学的优点，从而改变他们思政网络教学平台的偏见，化被动为主动。

布鲁纳在教育的适切性中提出：“学习存在表层过程和深层过程。”因此，学生在网络教学平台中的学习按照这一阐述分为两层。第一层是表层过程，即学生在某些因素的引导下，接触网络教学平台，学习掌握思政网络教学平台系统的基本操作和使用方法。深层学习主要是，透过学习的形式，探索所学内容的本质，网络思政教育平台能够为学生的深度学习提供很好的环境，比如学生在观看完某段视频后，感慨良多，其可以在网站的 BBS 上与其他人进行交流，深层次探究学习内容的意义。在素质教育理念下，网络教室是一种重要的教学模式，合理利用网络教学能够极大地拓展学习的深度和广度。

在学习结束时，教师根据学生在网络思政教育系统中的表现，给予他们相应的分数。网络教学系统的表现与学习成绩直接挂钩能够最大限度地提升学生参与网络教育的稳定性，并逐步改善教学结构，促进教学工作的现代化。

三、提供基础条件

基础条件对思政课网络教学平台具有重要意义，它是思政课网络教学平台存在和发展的必要条件。良好的基础条件有利于思政课网络教学平台作用的发挥。

（一）完善网络基础设施

网络思政教育平台的建立必须拥有一定的基础设施，比如学校网络与计算机设备。良好的计算机设施与网络设施是学校进行网络思政教学平台建设的基础，想要保证高效网络思政教育平台顺利发挥作用，必须先建设好基础设施。

首先，网络设备的更新换代。随着互联网的逐渐普及，很多高校都开始在网络基础设施建设上投入，当前大部分高校的网络基础设施建设已经具备雏形，但又更新换代不及时，设备老旧已经成为制约依托网络基设施发展的网络思政教学平台的重要因素。

其次，优化数字化教学环境。建立网络教学平台，需要数字化的教学环境为保障，在当前网络基础设施建设的基础上，将多媒体教师改造成为数字教师，为先进教学手段的运用提供基础。

最后，改善校园网络。这里的改善学校网络主要包括两个方面的内容：第一，要扩大校园网络的覆盖范围，不仅学生宿舍、教师都要接入网络信号，其他公共空间也应该尽可能覆盖 WIFI 信号；第二，要改善学校网络质量，接入光纤，提升网络接入的速度，由于思政网络教学平台有大量的视频资源需要下载和观看，如果网速达不到要求，会极大地影响使用体验，导致网络思政教育平台难以得到学生和教师的认可。

（二）提供相关政策支持

为解决我国教育发展难题，促进教育的改革和创新，为此国家做出了以教育信息化带动教育现代化这一重要决策。为了贯彻这一重大决策，2012 年教育部制定《国家中长期教育改革和发展规划纲要 (2010—2020 年)》，各高校根据规划纲要要求积极落实教育信息化。而思政课网络教学平台是教育信息化的重要表现，因此学校在规划纲要的指引下，制定落实思政课网络教学平台的相关政策，为思政课网络教学平台的使用创造一个良好的环境氛围，为网络教学平台的建设和使用提供政策支持。

首先，学校要制定切实可行的网络思政教学平台建设方案，将各项建设措施具体化，并提上日程，改变以往平台建设只停留在理论论证层面的现象，切实促进平台建设工作的进行。

其次，建立合理的赏罚制度。制度化是保证该项目实施的基础性要素，制定网络思政教学平台建设和使用赏罚制度目的是促进网络思政教学平台的建设和发展，调动教师在网络平台建设中的积极性。从学生层面来说，将网络教学平台的使用纳入学生成绩评定系统，更好地促进网络思政教学平台在学生中的推广。

最后，学校要制定文件将网络思政教学平台的建设和发展提上学校的发展日程，提升其在学校发展中的地位。目前科研成果和理论创新是评定教师工作质量和成效的主要标准，实践性的活动纳入教师工作评定系统。教师网络思政工作纳入教师工作评价体系，将改变原来的教师工作评价状况，更多从事实践性工作的教师将得到更多的机会。

（三）增加师生培训机会

培训是对相关人员传授正确的思维认知、基本知识和技能的过程，以期望其完成本职工作。为使思政课网络教学平台得到有效运用，必须对教师和学生进行培训。

1. 对学生的培训

（1）操作培训。对学生的培训第一步要进行平台操作培训，目的是让学生能够熟练地使用教学平台进行学习。培训完成后学生可以利用学校或者自己的设备熟悉操作，教师课上设计网络平台操作相关的教学内容，检验学生的掌握程度。

（2）观念培训。观念培训是对学生进行网络思政教育平台建设意义的引导，使他们能够认识到网络教学的重要意义，以便他们更好地使用平台进行思政课程的学习，提升平台的使用度。

2. 对教师的培训

（1）更新教学理念。梳理新教学理念，构建主义理论认为学生是教学活动的中心，教师的工作是围绕学生的学习展开一系列辅助、引导和促进活动。教师要改变以往的认识，切实转变自己的身份，履行好自己的新职责。

（2）提升技术熟练度。技术上的培训，能够让教师更好地了解和掌握网络教学平台的使用和操作，以便他们更好地利用平台组织教学内容，指导学生自主学习。

（3）改变教学模式。教学模式的培训，能够让教师了解更多的教学方法和教学模式，以便他们在使用网络教学平台时，方式更加灵活。

（4）植入网络思想。网络教学信念的培训，此方面培训可以通过去思政课网络教学平台使用的领头学校甚至是国外进修、学习，让教师亲身感受网络教学平台的优越性，坚定使用网络教学平台的信念，激发使用网络教学平台的动力。加强教师培训可以提高教师的整体素质，激发教师使用思政课网络教学平台的积极性，对思政课网络教学平台的有效使用具有重要意义。

四、完善网络教学平台

（一）平台操作简便化

复杂性是推广新理论和新技术必然面对的问题，因为网络教学平台作为一种新教学模式，人们对它的认知大多停留在理论阶段，具体运用过程中存在很多问题需要解决。思政课网络教学平台的复杂性包括：操作层面和易用层面。在现实生活中人们更愿意接受精力成本和时间成本较少的事物，应为易于掌握所以推广起来较为迅速。相反，如果某项事物比较复杂，人们为了掌握其使用需要耗费相当多的实践和精力，则推广的周期会变长，并且推广的效果也不容易控制。在网络思政平台系统推广当中，如果教师和学生需要花费大量的时间和精力去掌握平台的使用技巧，那么平台推广的效果肯定会受到影响，因此在平台建设过程当中，一定要注意平台功能实现的简便性。

在网络教学平台的使用上，技术开发公司应尽量把操作步骤化繁为简，使用者不需要花太多时间、精力去学习，即使是没有电脑常识者经过学习也可以使用。同时说明书的设计要简明扼要。在网络教学平台的操作方面，主要借助于开发商的力量，开发商根据师生对网络教学平台操作便捷的需求去努力改进平台，使平台的操作更加简便。

（二）丰富教学内容

1. 保证教学内容的质量

丰富网络教学平台内容时，要注意两点：第一是内容的质量必须要有保证，精品内容才能放到平台上共享，第二是平台内容主题要明确，能够引导学生发现问题、提炼知识。

思政课网络教学平台的内容还要注意其权威性，关于这一点我们可以从两个层面来理解：

第一，权威渠道获取的内容具有权威性，这些内容经过反复的论证，能够准确地引导学生感悟其中的知识。

第二，如果内容来源并不是权威渠道，而是教师自己编撰的，则要注意内容的实用性和趣味性，将内容定位于激发学生兴趣。

2. 利用教学内容引导学生

在网络教学平台上设置自学材料、拓展材料和在线测试。自学材料是每个单元的课件，课件主要是基础知识和重点难点，它源于课本知识，又深于课本知识。拓展材料包括教学案例(视频案例、文字案例)和阅读材料，其中教学案例是当下时事热点，阅读材料包括各种经典著作节选、学术论文等，拓展材料后设有思考题。这些思考题的答案在课本中不会明确出现，需要理解课本基础知识，然后用书中理论进行分析得出结论，这促使学生就问题查找资料或网上讨论。在线测试为单元测试，单元测试中客观题基本都在自学材料中，主观题从教学案例和阅读材料中选取。由于各单元测试成绩的平均成绩，占该课程总评成绩的一定百分比，这促使学生在测试之前必须学习思政课网络教学平台中的自学材料和拓展材料。

另外，慕课中“微课程”的设计及应用符合数字时代的碎片化学习特征，思政课网络教学平台的内容可以借鉴慕课中的微课程，把视频课程分割成10分钟左右的微视频，课程里包含许多小问题，学生必须回答正确才能进行到下一环节，学习过程犹如环环相扣的游戏闯关，只有回答正确才有机会进入下一环节听课，这激发了学生的学习兴趣。

（三）平台管理和维护

思政课网络教学平台的管理和维护主要是管理和维护平台资源、平台技术设施，以确保平台正常运行。

管理维护平台资源，首先是加强监控，需要有专门人员负责信息的监控和管理，防止不良信息的传播扩散，及时清除有害信息，净化网络教学平台环境，为大学生提供积极健康的学习环境。其次责任到人，思政课网络教学平台有不同的专栏，按照“谁建设，谁管理”的理念，责任到人，可确保教师及时更新平台资源，积极建设自身负责的专栏。

平台建设后期的管理与维护，多数网站重视前期的建设而忽视后期的维护。思政课网络教学平台使用时，会面临网速慢、服务器不稳定等问题。应设立专门机构定期对网络服务器检测，以确保思政课网络教学平台正常运行。同时在网上设立报修系统，教师、学生在使用平台遇到技术问题时，随时报修或咨询，以尽快解决问题。

第八章　基于主题网站建设的高校思政教育研究

信息时代的到来，给高校思想政治教育工作带来了前所未有的机遇与挑战。为了更有利地占领网络教育的制高点，不断补充和延伸思想政治教育的内容和形式，2000年前后，高校思想政治教育主题网站应运而生。经过这些年的理论和实践的探索，学术界基本上在网络思想政治教育观念、网站信息内容、网络技术、网络思想政治教育队伍和网站传播等宏观方面达成了共识。这里我们就高校思政主体网站建设的必要性、类型及展示以及存在的问题进行深入分析。

第一节　高校思政教育主题网站建设的必要性

高校加强思想政治教育主题网站建设，是适应信息技术发展的新形势，增强网络环境下思想政治教育工作者的工作能力，提升育人水平的需要。

一、建设思想政治教育主题网站，是由思想政治教育总体目标决定的

当代思想政治教育要跟上时代的发展，必须要抢占网络这块阵地。中共中央、国务院《关于进一步加强和改进大学生思想政治教育的意见》强调，要“努力拓展新形势下大学生思想政治教育的有效途径”，要主动占领网络思想政治教育新阵地，利用校园网为大学生学习、生活提供服务，对大学生进行教育和引导。

二、建设思想政治教育主题网站，是信息技术发展的必然需求

当今时代，人类社会正经历着一场以计算机、远程通信和信息技术为支撑的网络革命。互联网正以飞快的速度向世界的各个角落延伸。网络为人类信息交流提供了崭新的手段，对社会生活诸多方面的变革起到了重大的推动作用。但是，随着网络的兴起和发展，网络这把“双刃剑”也给我们带来了许多问题。由于网络的匿名性、个体参与性、开放性和时效性，使一些不健康的甚至是违反人类社会本性的信息在网上广泛传播，对人们思想观念与正常的生活产生了严重的影响。加上西方网络文化依其强势加紧文化渗透，西方社会的

一些价值观念对我国公民，尤其是青少年多年以来形成的马克思主义的人生观、道德观、世界观以及价值观形成了巨大的冲击，思想工作的成果被侵蚀和动摇。

第一，多元化的网络信息导致人们的思想混乱。网络信息是一种超越民族和国家以及开放的公用信息，每一个问题都是多维的、变化的，试图直接给出一个问题的具体答案，或者仅用一种价值观念去评判是非几乎不可能。世界各国，尤其是东、西方价值观念在人们头脑中的碰撞、冲突更加直接、激烈，当代人的价值取向更加多元化，价值选择更加困难，与此同时，正确的价值观、人生观、世界观的树立也更加不容易。

第二，西方在网络文化中的强势地位对当代人的健康成长构成威胁。由于英语是电子文本的最主要语言，美国等西方国家是上网者经常访问的地方，这就给西方某些文化霸权主义者可乘之机。他们利用网络信息传播方式的超地域性倾销自己的文化，力图取代世界文化的多样性。当代人接受新鲜事物快，求知欲旺，好奇心强，思想活跃，这种“西化”容易对其产生影响，受其蒙蔽，甚至迷失方向。

第三，各类信息垃圾及“染毒”信息对当代人的思想和行为产生误导作用。网络信息并不都是先进的，观念、思想在没经过过滤与选择之前难免良莠不齐，不同政党、国家、民族的意见以及各种各样的社会思潮在网上一般都会有激烈的交锋，甚至在网上畅行无阻的还包括一些反动的言论与下流庸俗的信息，造成严重的信息污染。对于那些辨别力还不强，人生观、价值观正在形成中的学生极其有害。

第四，网络的虚拟化特征易导致人们生活方式和心理健康产生问题。在网络中，行为主体的人际交往大多都是在“虚拟实在”的情形下进行的，将现实世界人际交往的一些缺陷消解了，在为人处事方面人们很容易获得满足感与成就感，甚至感受到自身价值的极大化和他人对自己的热情关怀。但是，这种情况长期下去，必然会对人们在现实中的生活方式产生影响，甚至改变，从而产生新的人际障碍，使行为主体冷漠，人际关系淡漠，人际距离疏远，使人们有压抑、孤独、苦闷、焦虑，甚至消沉、精神不振、低落等情绪产生。

网络对当代人的心理发展、道德观念、政治态度、行为模式、价值取向等的影响将越来越大。面对互联网强大的发展趋势，思想政治教育必须适时地调整和变革其传统的思想政治教育工作模式和框架，对互联网的冲击做出有效回应。

因此，要对当代人健康成长进行引导，必须把网络作为当代思想政治教育的重要阵地来建设。利用网络传媒技术将思想政治教育工作做好，建立专门的思想政治教育网站，主动出击，占领这一重要的阵地显得尤为重要，是思政工作者义不容辞的责任。

三、建设思想政治教育主题网站，有利于促进人们各项素质能力的提高

对思想政治教育主题网站进行建设，并且将思想政治教育内容丰富起来，无论是对参与建网站的人，还是对浏览、使用网站的人，对于提高他们的各项能力与素质都会有很大的促进作用。

（一）思想政治教育的功能

针对人们的思想进行指导的教育就是思想政治教育，网络思想政治教育即通过网络这个重要阵地来对人们进行思想政治教育，引导、培养人们良好的思想政治素质，从而达到育人的目的。

（二）扩展时效的功能

传统的思想政治教育与网络思想政治教育两者的目的是相同的，但传统的思想政治教育注重的是教学重要阵地中的灌输，感染力不强，教学效果不佳以及形式简单，教育手段单一。而建设思想政治教育的重要阵地——思想政治教育主题网站。就可以对网络的各种优势加以充分利用，使思想政治教育运用更多的资源、更强的渗透力、更生动的形式、更大的感染力，这些都对思想政治教育突破时空局限，扩展思想政治教育的时效性有利。用网络的优势，把正确的世界观、人生观、价值观和正确的处世方式、行为标准、成才途径教给大学生，这样更能被大学生所接受，效果会更好。

（三）强化沟通的功能

网络对我们的生活、社会产生了种种影响，它将我们人际交往的模式改变了是其中很重要的一点，与此同时，还给我们的人际交往提供了许多便利。我们可以将网络这个重要阵地加以利用，以行之有效的交流沟通方式，把知识传送给人们，在教育者和受教育者之间进行双向交流互动，这对调动受教育者的积极性与兴趣，对提高思想政治教育的成效具有十分重要的意义。

（四）丰富手段的功能

传统的思想政治教育重要阵地，育人手段是十分单一的；而网络思想政治教育重要阵地的育人方式却是十分丰富的，包括来函回复、提供信息、聊天、心理对话、开展讨论、学术研讨等。

（五）保证育人方向的功能

网络思想政治教育作为思想政治教育的重要组成部分，同时也具有保证功能，它对人们的思想行为进行正确的教育、引导，从而保证人们的思想处在一个正确的范围之内。

（六）服务大学生成长成才的功能

借助网络可以设置一些心理问题咨询中心、服务热线等栏目，为人们的心理困惑、疑难问题、学习困难等问题提供一个可以倾诉的窗口，并对他们提供一些答疑、建议、解惑等服务，进而从另一方面达到教育目的。

四、建设思想政治教育主题网站，是网络思想政治教育的重要工作手段

随着信息网络技术迅速发展和普及，上网已经成为一种时尚和潮流，而大学生是广大

网民的主流群体。同时网络技术也为当代思想政治教育工作提供了现代化手段，使渠道与空间得以拓展。充分利用网络的信息资源，以网络为平台开展思想政治教育工作，是信息时代思想政治教育工作的特点，与此同时，也是一种创新。我们应抓紧研究网络的特点，掌握其规律，主动出击，采取有力措施应对挑战，不失时机地将思想政治教育工作推上一个新台阶。将思想政治教育主题网站建立起来，用正确、健康的思想占领网络阵地，将思想政治教育主旋律在互联网上的宣传与影响增强，努力把网站建设成为网上的精神家园，是现实的挑战和时代的呼唤。对此，社会纷纷组织力量，对思想政治教育主题网站建设的规律进行积极的探索。

要充分认识到，网络的发展深刻地影响着育人环境，增强网络思想政治教育工作的主动性和自觉性；网络是意识形态斗争和稳定工作的重要阵地，必须要将网络阵地制高点主动地占领；网络作为改进和加强思想政治教育的重要途径，要积极创新教育理念和教育方法，增强实效性。要以新情况为依据，解决新问题，思考新方法，加大投入开展实践和研究，把网络思想政治教育工作纳入当代思想政治教育工作的重点内容并切实做好。

随着时代的发展，知识经济时代人与人之间互相联系的主要手段已经转变为将信息技术与计算机通讯作为支撑的网络，与此同时，它也成为人们工作、学习、生活的重要组成部分以及获取各种信息与知识的重要渠道，而且深刻和广泛地影响着人们的生活、学习乃至思想观念。

第二节　高校思政教育主题网站的类型及展示

一、思想政治教育主题网站的类型

随着各界对网络思想政治教育工作的重视，一大批思想政治教育主题网站迅速发展，承担起宣传媒介、服务载体、交流平台、思政阵地等功能。

思想政治教育网站又称“德育”网站、“红色网站”，是抓住网络本质，按照网络运行规律和法则，利用网络有目的、有计划、有组织地对以教育对象为主体的网民传播马克思列宁主义、毛泽东思想、邓小平理论以及“三个代表”重要思想，全方位地将马克思主义价值观、人生观、世界观渗透到教育当中，准确传达党的重大政策、方针和政治立场，培养遵守社会主义社会道德规范和具有较高信息“素养”及“四有”新人的阵地和武器。以下是目前思想政治教育主题网站大体承担的功能：

（一）网络思想政治教育的强大阵地

大学是人类精神的营养所，人生观、世界观形成的关键时期就是大学时代。人们要利用网站对马克思主义进行宣传，提供理论争鸣舞台，让马克思主义在网络世界占有更多宣传、争鸣的阵地，提高学生的马列主义思想理论水平，让学生内心真正接受红色思想。

近年来，各高校按照中共中央、国务院《关于进一步加强和改进大学生思想政治教育的意见》精神，大力推进思想政治教育进网络工作，一批主题网站纷纷建立，茁壮成长，承担起网络思想政治教育的重任。通过进行网络正面理论覆盖、网络舆论引导、网络思政课堂建设等形式，对学生进行红色思想的灌输，将不正确言论引导向正常轨道，从而使网站真正成为网络思想政治教育工作的强大阵地。比如，以下是一些学校开设的网站思想政治教育专题栏目：

经典书籍——可以输入领袖著作、领导讲话、重大理论、名人名著等内容，根据网站的具体条件，通过权威的渠道下载。该频道内容相对稳定，做好前期工作是重点所在。

经典胶片——将影视题材的教育功能充分地利用，精心挑选，在线播放。由于图像和电视片所占空间较大，该频道设置要以网络支持条件的实际情况为依据来确定。

通过这些栏目的开设，学生了解正面思想正面信息的机会增加了很多，对他们理想信念的坚定以及社会主义核心价值观体系的形成有利，使思想政治教育的育人效果更加丰富。

（二）党建、班建、团建的新模式

将党建和团建工作结合起来，开展党团知识教育和培训，设立网上党校、团校，配合教育单位开展党团活动，组织专题学习等，已经成为一种新的思想政治教育模式。目前，人们“触网”较深，倘若对网络资源能够合理利用，建立起网上党团思想交流的平台，对于有效开展思想政治教育，无疑会有事半功倍的效果产生。

例如，山东大学“学生在线”网站专门开辟了“学生党员”频道，由学校专门进行理论宣传的“山东大学生青年理论学习研究会”负责搜集党的理论指导文章、有关理论知识及媒体发布的社论等评论员文章，转载于“学生党员”频道，对网站进行红色覆盖，使党建内容逐渐丰富了起来，效果显著。

网络发展带来的另一个重要成果，就是利用网络将网上班级主页、党支部、团支部建立起来。建立党团支部、班级主页，通过网络来传递相关通知、文件等信息，使得办公的迅捷化得以实现；还可以加强班级网上议事制度，很多当面不好说的话，在网络环境下说出来，使班级管理的民主化与透明度增强。除此之外，还能够达到支部成员、班级成员的充分交流、资源共享，对于推动网络思想政治教育无疑增添了砝码。

（三）师生交流的新平台

目前社会上有一些消极的思想看法与倾向存在，如有人对思想政治教育工作信心不足，对思想政治教育的作用与功能产生怀疑，甚至从功利性和短视的角度对思想政治教育工作的价值进行了否定。实际上，对于一个处于转型期的社会，青年更加需要在思想上得到指导，在多元的思潮面前辨清方向。

传统思想政治教育工作对单向灌输与行政命令过分依赖，加之缺乏对教育对象的了解，因此造成他们闻之色变。随着网络的出现，新出现的问题和原有问题相互交叉，变得更为复杂。教育对象迫切需要中肯的话语来理清头绪，看清真相。因此，为师生搭建交流平台非常必要。

传统工作的缺点能够通过网络的隐匿性、平等性、交互性克服，将灌输变成探讨，将命令变为平等交流，使教育者的观点能够在平等的意见交换中被教育对象接受。另外，近几年教育对象的思想、心理问题增多，但是自尊心使大多数人不愿让别人知道。因而，网上心理咨询显得非常重要。教育者的“坐堂听诊”为网站积聚了人气，成为思想政治教育工作的又一窗口和亮点。

建立电子公告栏系统 BBS，通过师生平等交流来发挥网络思想政治教育的功能。师生共同议事，已经成为网站的一大风景。其中较为主要的一项——网上心理健康指导，就引起了人们的广泛关注。随着社会竞争的日益激烈，人们心理也承受着巨大的压力，严重的还可能有心理障碍产生，进而对身体健康、人际交往以及学习产生影响。精神分析学家认为，人的行为的“心理驱动系统”由两种心理倾向构成：一个是寻求满足的、进取的心理倾向，另一个是避免伤害的、防卫的心理倾向。教育对象在寻求满足、进取的过程中产生的心理压力会导致其产生避免伤害、自我防卫的行为，以获得心理的平衡。网络由于具有互动性、开放性、隐匿性和便捷性等特点，为教育对象适时地转移、倾诉和宣泄自己的不良情绪提供了机会和场所。通过网络，他们可以将被压抑的不良情绪宣泄出来，从而获得一定的心理自疗效果，使他们从精神紧张中解脱出来。

除此之外，教育对象对国家大事、学校政策等发表意见和建议，对于教育对象反映比较集中的问题，教育者应进行网上解答；情感交流、就业指导等方式，也是思想政治教育主题网站实现师生交流的一大特点。

（四）新闻宣传、信息发布的新途径

新闻发布是网络承担的一个重要功能，网站的兴起也是因其新闻发布功能的快捷便利性。因此，思想政治教育主题网站也必须将信息发布、新闻宣传的作用发挥出来，为校内师生提供最新的新闻动态，对最新的思想政治成果进行宣传，发布最为有效的服务信息。

新闻频道必须将网站的导向性与教育性体现出来，并将网络的浏览功能加以充分利用。校园新闻可以借鉴一般网站建设的经验，其内容为各级各类新闻，频道名称可设置为“新闻广角”或“新闻纵横”等，二级频道可设置为：

时事经纬——主要针对高校学生开展形势与政策教育，作为“形势与政策”课的网上课堂，可以以每学期学校确定的形势与政策为依据来制定教育教学大纲计划，按主题收集材料上网。

校园速递——关注校园热点，挖掘校园新闻，并对学校教学科研新进展进行追踪，反映校园文化建设新动态。要将校园信息资源充分利用起来，尽量做到图文并茂，有条件的最好配置数码相机或数码摄像机。该频道要求最高的是对今后日常的维护，要有审稿环节，能做到随时更新。

信息快递——收集与高校、教育、大学生有关的信息，将素质教育措施、校园文化建设、高校教育改革等内容及时反映出来。该频道的内容既要有本校信息快递，也可以通过相关网站下载兄弟院校和高教系统的信息并加以组织。

电子报刊——把学校下辖的传统报刊搬到网上，以电子版的面目出现，并随传统报纸的出版周期同步更新，也可从各大报刊建立的网站下载资料、更新内容。

热点聚集——以青年大学生关心的热点大事与国内外形势发展作为依据，把国内外的背景资料、新闻分析等按主题分类，或设教育专题，与此同时，也可在相关网站下载一些资料，这些内容上网要注明出处，或得到有关网站的授权。

除此之外，还能够以学校实际情况为依据，发布院系新闻、社团活动新闻等。

（五）校园文化建设的新方式

必须认识到，校园文化建设对于思想政治教育具有不可忽视的影响作用，高校开展网络思想政治教育，建设思想政治教育主题网站，同样不能小觑校园文化的发展，而必须形成新的校园文化建设、传播和发展方式，建立校园文化的网上频道。该频道要将校园文化建设的内容与特点体现出来，以青年大学生为主要对象，频道名称要充满时代感和青春气息，内容组织要将学生的想象力与积极性充分发挥出来，以及将当代大学生的精神风貌反映出来，可通过该频道组织青年学生喜闻乐见的活动，比如，网上沙龙、网上征文、知识竞赛等。频道名称可用青春绿洲、青春玫瑰园、校园调色板、青春旋律等。二级频道具体设置以文体内容为主。如“我的照片”可登载学生摄影作品；“校园风景线”可登载学生文学作品；还可设置娱乐时间、生活时尚、体育纵横、开心一刻等。

（六）学生服务的新载体

加强教育对象的网络思想政治教育，必须注重服务功能的实现，为广大学生提供便捷、有利的资讯服务。从这个意义上讲，互联网的检索功能与超链接功能使传统检索方法的不足进行了弥补，为师生完成思想政治资料的收集和积累提供了便利，将学生的生活、学习效率有效地提高了，节省了大量的时间，丰富了服务的内容。

建立学生服务的主题网站，为学生提供深层次的服务，必须针对青年大学生关注的热点设置服务内容，包括就业、勤工助学、考研、出国等，为大学生的能力培养和发展进行网上引导和服务；也可以学生教育和管理工作的内容作为依据，设置规章制度查阅、成绩查询、校长信箱；还可开设网上聊天室、免费邮件、同学录、留言簿等交互性强的频道。

（七）实践锻炼的新道路

网络思想政治教育的开展过程中，要改变一种错误思想，即单纯地理解其为思想政治教育在网上的开展，必须与网下活动相结合，形成“网上—网下”互动的局面。

近年来，各教育单位纷纷注重通过网络开辟实践锻炼的新道路。例如，山东大学通过开展“寻访校友足迹，寻找人生坐标”社会实践活动、“暑期支教”社会实践活动等。将业余时间利用起来，组织学生来参加社会实践活动，亲身感悟、体会社会，并将自己的心得体会发布于网上专题栏目，与其他同学分享，取得了良好的效果。

因此，在实际工作中，我们必须主动出击，充分注重实践育人，利用网络开辟社会实践的新道路，将教育对象的社会实践活动结合起来，登载社会实践活动动态和见闻、调研报告、实践体会等。

（八）素质培养的新课堂

培养社会主义的可靠接班人与合格建设者是教育的目的所在。在网络技术愈来愈发达的今天，怎样帮助青年人利用网络来将自身素质提高，是我们必须面对的一个课题。而对思想政治教育主题网站的建设，正是给我们提供了这样的一个机会，我们必须抓好这一新的课堂，引导教育对象合理地利用网络，学习成长成才所必需的知识，使社会竞争力与学术创造力得以提高，将网上真、善、美的东西内化为自身能力，使自己的综合素质全面地提高。

建设主题网站，其内容必须以提高学生素质为准则，由学生素质的提高来对内容的正确性进行检验；其方式必须注重学生能力的增长，以学生能否适应社会作为主题网站建设的标尺；其结果也必须使为国家培养社会主义可靠接班人与合格建设者的目的达到。

总而言之，网络思想政治教育必须将主题网站提供的强大支撑作为依靠，通过合理策划和周密安排，扎实有效地推进网络思想政治教育工作，使党建、团建以及班级主页建设以及师生交流平台构建得到加强，实施新闻宣传，整合信息资源，加强服务凝聚，突出服务育人、实践育人功能，推动校园文化健康发展，贴近教育对象的思想、生活的实际需求，努力提高他们的各项素质，起到润物细无声的思想政治教育效果。

二、高校思想政治教育主题网站展示

（一）红色网站的范例——北京大学“红旗在线”网站

北京大学“红旗在线”网站（以下简称“红旗网站”）于2001年创建试运行，经过十几年的管理和完善，目前已经成为全国高校最大的红色网站，“让红旗在Internet上高高飘扬”的构想在这里得以实现。

1. 红色网站面临的机遇和挑战

网络时代，是争夺“眼球”的时代。互联网正以前所未有的深度和广度进入大学校园，网络既给高校学生思想政治教育工作带来了前所未有的机遇，同时也带来了巨大的挑战。一方面，信息技术为高校思想政治教育工作提供了极好的渠道和平台，是新时期思想政治教育的新鲜途径和重要载体，思想政治教育进网络将推动思想政治教育适应时代变化，开创新局面。另一方面，当前，网站的数量非常多，信息量非常庞大，青年大学生思想状况多样化，思想政治教育工作受到了巨大的冲击，甚至“劣币驱逐良币”，思想政治教育的声音被湮没在茫茫网络之中。

为促进思想政治教育工作与网络技术的良好结合，迅速占领网络高地，不少高校纷纷建立自己的以思想政治教育为主的网站，因其鲜明的风格和特殊的使命，被称为“红色网站”。据不完全统计，目前全国高校已有300余家红色网站。这些网站的建立，较快地整合了教育资源，推动了思想政治教育进网络工作，起到了不可低估的重要作用。

北京大学学生工作部门及时抓住机遇，应对挑战，于2001年正式创建运行红色网站。十几年来，页面点击率超过百万人次，已经成为学校教育工作的一个重要平台，成为学生接受思想政治教育的重要虚拟基地。目前，红旗网站也是全国高校最大的红色网站之一，成为高校思想政治教育进网络的一面旗帜。

2. 红旗网站的管理与运行

（1）理顺结构，重视队伍建设。“红旗在线”网站实行学校领导、委员会决策、部门中心执行的三个层面管理体制和组织架构，对管理队伍的建设非常重视，网站运行较为科学、高效。

领导机构：北京大学成立了以分管思想政治教育工作的党委副书记为组长的思想政治教育进网络领导小组。领导小组成员由相关的党委学生工作部门负责人组成。领导小组提供方向引导、协调保障。

决策机构：红旗网站成立了网站管理委员会，委员会由指导教师和学生站长、副站长、各中心主任共同组成，管委会负责对网站的重大发展步骤进行规划，对各部门进行管理、监督，凡是网站的重大事情都需经过管委会讨论通过。

执行机构：红旗网站设立行政中心、内容编辑中心、技术中心、网络新闻中心等四大中心。行政中心负责宣传、联络、招新、培训、会议等事务。内容编辑中心按照网站页面栏目分为“风云天下”“北大评论”等七个版务部，负责内容选择、编辑、上传以及反馈的处理。技术中心负责网站的日常维护、视频采集、改版等工作。网络新闻中心负责网站专稿的提供，重点策划专题活动和报道。

红旗网站以上三个层面都建立健全了相应的例会、审批等工作机制和分工责任制，着力做好网站制度建设，理顺网站运行机制、工作程序，并且有效沟通协调，在畅通基础上不断创新。

除此之外，“红旗网络”还聘请校内外专家担任学术顾问、技术顾问，为网站的健康运行献计献策；组织外围学生社团，扩大网站知名度和影响力。

（2）走出重围，加强特殊栏目。在红色网站的建设、监控和培训等方面，各地都投入了不少经费、开展了大量的工作。但是，在红色网站的栏目上，各高校都大相径庭，没有特色。而且往往因为内容枯燥，形式单调，不符合大学生心理需求等原因，很难吸引学生，点击率低，濒临“空站”“死站”的困境。而大学生们则在浏览其他良莠不齐的网站上耗费了宝贵的时间，思想政治教育错失良机。

为了办出特色，避免“空站”“死站”的危机，红旗网站通过对学生群体进行调研分析，把内容选材的定位指向北京大学的学生，关注身边的热点问题、焦点问题。在栏目设置上，设置了“北大评论”“红色艺术”等特色栏目。对北大的资源进行深入挖掘，设立视频栏目，将著名专家学者的讲座、专访放到网上。建立网上党支建设区，“网站搭台，支部唱戏”，将网站建设与基层组织建设紧密结合起来。

（3）打造品牌，活跃网上网下。当网站的功能定位明确之后，网站本身知名度决定着思想政治教育舆论阵地制高点的同时，决不可放弃“网下”阵地。网站建设不仅可以通过网络本身开展，还需要网上网下结合，共同打造红色品牌。红旗网站结合重大时政热点，举办讲座和大型活动，发放有关网站的宣传文案，通过大量有亲和力的网下活动吸引“眼球”。将网上热点转移到教室、讲堂的同时，又把视频资料放到网上，实现了网上网下的互动。红旗网站组织的“二十一世纪中国发展战略论坛”已经成为校园文化的品牌项目。

网上党校也是网上网下互动的成功板块。网上党校课堂给党校学员提供了入党培训学习教材和基础知识、党的理论学习材料，为网下党校奠定了教育基础。党校有了网上虚拟世界的支持，不再教授基础知识，而是提高学习层次，提高学生的理论水平和运用基本理论分析问题、解决问题的能力。

3. 红色网站管理与发展的思考、探索

（1）激发青年学习积极性，促进思想交锋。推动思想政治教育进网络是建设红色网站的初衷，在实际运行中，要将原则性与灵活性充分结合起来，激发青年大学生学习理论知识的积极性和掌握先进思想武器的主动性，拉动红色网站的“人气指数”。

十六大期间，网站及时推出了理论学习专题，红旗在线日点击数一度达到 2 000 人以上（不计算重复 IP）。红旗网站结合形势政策开展的读书会、网上论文、知识竞赛都获得了良好的效果。红旗在线的成功实践，证实了大学生有着自发学习理论知识的要求和追求共产主义理想的积极性。红色网站一方面要保住思想先进性，坚守红色高地；另一方面，又要打破大部分人对思想政治教育的定性思维，充分地肯定和支持青年大学生的学习积极性，推进多种形式的思想理论学习，促进思想交锋。

（2）把握网站发展规律，及时推出新的“卖点”。网络时代没有“一言堂”，传统的权威在这里衰弱，创新与发展是网站的生命。红色网站要改变观念，在竞争中求得生存发展。

根据网络发展规律，红旗网站在整体构思、版面分布和美工等方面不断革新，内容保持思想性的同时加强艺术性，交流保持原则性的同时加强互动性。2003 年 3 月伊拉克战争期间，红色网站及时推出了精彩专题，对客观真实的战况进行了详细报道，为疏导战争期间学校紧张气氛做出了重要贡献；“非典”时期，建立防控专栏，为学生们提供卫生知识普及、心理咨询等服务，深受学生欢迎和赞赏。红旗网站有特色地完成了主旋律教育，同时拓展了学生接受素质教育的渠道，让学生在受教育中得益，帮助学生健康成才成长。

（3）注重平台建设，发展合作与共建。思想政治教育平台，是对德育主体实现德育目标起到支撑作用的基础结构以及它所有的支撑环境。

思想政治教育平台不仅要整合思想政治教育工作开展所需要的资源，更要将这些资源有序地组织起来，以实现共建、共享。在以往工作中，红色网站建设投入很大，但却没有取得好的效果，这需要进一步围绕若干个教育主题搭建工作平台，把各种教育活动纳入其中，发挥网站的协作、交流、借鉴、展示的功能，推动红色网站走向平台建设时代。红色网站走向平台建设是时代要求下的必然趋势。

红色网站近几年来不断地对思想政治教育资源进行整合，积极以平台建设为主导方向，初步建立了爱国主义教育、形势政策教育、国际化教育、党性知识教育等多个工作平台，较好地为德育工作开展奠定了基础。红旗网站今后将继续结合形势要求和学生要求，搭建好若干个其他平台，并积极做好校内校外共建工作，加强与全国高校的信息交流和资源共享工作。

红旗网站在内容架构上具体划分为七大板块，即风云天下、北大评论、经典重读、红色艺术、党建社区、七一文库、先锋论坛。网站是在北京大学党委的领导下，由北京大学学生工作部主办，网站将利用北大的传统优势，借助现代媒介，整合二者，探索当代青年教育的新方法和新思路，从而促进北京大学学生党建及德育工作的进一步发展。网站将紧紧围绕党和政府相关的路线、方针和政策，积极贯彻北京大学学生思想政治教育工作的总体部署，建设北大的网上思想教育阵地，展现北大基层学生党建工作风貌，为开展学生党建工作提供更广阔的空间。同时，以红旗在线为基地，建设一支以学生党支部书记为主的学生思想政治教育工作监督队与引导队，主动占领网络阵地的制高点，利用互联网进行

网上宣传报道和舆论引导工作，主导网上舆论导向，探索网络时代思想政治教育工作的新思路。在明确方向、弘扬主旋律的前提下，红旗在线将担负起繁荣校园文化、丰富学生生活、促进理论学习、进行思想交流、加强网络道德和文化建设的重要作用。网站将依托北大深厚的人文社会科学优势，充分利用综合型大学的资源，发挥精英学子的聪明才智，以党性、互动、理论、独创作为自身的特点，建成北京大学学生党员和全体北大学生的网上精神家园，在校园中产生积极正面影响。

（二）综合门户——教育部“中国大学生在线”网站

服务全国大学生的公益性大型综合门户网站，全国高校思想教育示范网站——“中国大学生在线”（http://www.univs.cn）于 2003 年 5 月 17 日正式开通，国务委员陈至立同志出席开通仪式，宣布网站正式开通并亲自点击开通了网站。

随着信息技术的迅猛发展，互联网已经成为大学生校园生活中的一个重要组成部分，大学生通过互联网获取知识和信息、进行沟通和交流。积极主动地运用互联网等现代传媒，为大学生学习生活提供服务和帮助，为他们健康成长营造健康向上的氛围，是新形势下加强和改进思想政治教育工作的重要内容和任务。“中国大学生在线”是积极应对高校思想政治教育工作中遇到的新情况、新问题，更好地服务于当代大学生成长成才，举全国高校之力共同建设的。网站是由教育部主办，委托上海交通大学牵头承办，全国 80 多所高校共同建设，高校大学生积极参与的示范网站。网站建设体现了党和政府的关心，得到了社会各有关方面的支持，凝聚着学校领导和教师的心血，凝聚着众多大学生的智慧和创造。

网站建设的定位是：成为展示大学生精神风貌的窗口、服务大学生成长成才的平台、

提升大学生素质品格的园区、引领大学生舆论方向的坐标。网站以全国高校“共创、共建、共管、共用、共享”为建设原则，通过全国高校携手进行“栏目共建、信息交互、活动联办”，努力打造六大平台，即大学生资讯传播的平台、风采展示的平台、互助服务的平台、网上学习的平台、交流沟通的平台和活动竞技的平台。在全国高校的共同努力及社会单位积极参与下，经过精心建设，网站初步呈现出参与面广、社会基础厚、栏目频道新颖等鲜明的特点和特色。网站设有教育资讯、神州校园、时事新闻、精神家园、群星璀璨、原创舞台、学术星空、援助中心、大学讲坛、东西南北风、网上活动专区及学友邮箱等 12 个版块或应用功能，全国 45 所学校提供了 66 个内容生动、覆盖面广、时效性强、内涵深刻的优秀共建栏目。东方网、新浪网从网站资源、信息沟通、栏目共建、活动组织等方面对网站的建设给予了大力的支持和帮助。

教育部部长周济同志在开通仪式上要求，为确保网站稳定、高效运行，各地教育部门和学校要在队伍、管理以及条件等方面提供保障；要在更高的层次上，整合优质校园网络资源，调动社会各方面力量，共同做好工作；要从大学生的特点和网络的规律出发，引导他们加强网上自律，用好网站；要在更广的范围内、更深的层次上，调动大学生参与的热情和积极性，努力把网站建设成为大学生的良师益友和受大学生欢迎的高品位、高点击率的热门网站。

“中国大学生在线”正式开通后，在全国大学生中引起强烈的反响。许多同学在线收看了开通仪式的网上直播，并给“中国大学生在线”网站发来了贺信。华南理工大学人文社会科学学院行政管理系姜一飞同学在信里谈道：“中国大学生在线为我们大学生开辟了一个交流思想和学习的好园地；中国大学生在线所开设的栏目，真是丰富多彩；办好中国大学生在线是每个大学生的职责。”网站开通的第二天，网站点击量超过 45 万。此后，网站点击量每天都保持在十几万。神州校园、BBS 精粹、文学原创等栏目成为大学生们喜欢的栏目，许多大学生踊跃投稿。

（三）思政先锋——山东大学“学生在线”网站

山东大学“学生在线”网站（http://www.online.sdu.edu.cn）始建于 2000 年 10 月，是在党委学生工作部领导下，由学生自主设计、运行和管理的大型学生门户网站，是山东大学学生思想政治教育的强大阵地，也是广大同学发挥聪明才智、锻炼实践能力的重要平台，被誉为“山大学子的精神家园”。

十几年来，“学生在线”网站始终坚持“以学生为本”的理念，牢固树立“科学与人文并举，求知与做人并行”的宗旨，教育学生成才，服务学生成长。网站本着“锻炼学生，培养人才”的目标，以进行学生网络思想政治教育、推动校园文化积极健康发展为己任，积极搭建学生素质拓展的平台，团结进取，不断创新，走在了高校学生工作网站的前列。

1. 充分注重发挥网站在大学生思想政治教育工作中的作用

在栏目设计、内容更新上，始终坚持以马克思主义为指导，补充、更新先进、健康的网站内容，营造网上正面舆论强势，通过开设“荣辱观教育”“学习十七大”“道德的力量”“感动在这个季节”等教育专题，以及“学生党员”“学习频道”“心理健康”等栏目建设，积极进行社会主义核心价值观教育、党员教育和学生学业指导、心理健康指导，为培养一流人才提供良好的网络服务。

2. 积极引领网络舆论方向，对学生进行网上行为指导

十几年来，网站依托“热门话题”栏目以及“文明上网，共享平台”等专题，针对新闻时事、校园动态、先进事迹、先进人物等话题，积极发表网上评论员文章，引导学生发现问题、思考问题，在思考和领悟的过程中认识真、善、美，追求正义和理想；同时，引导学生文明上网，合理利用网络提高自身综合素质和走向社会所必需的能力。

3. 不断创新，努力为学生提供全方位服务

网站坚持以满足广大学生需求为宗旨，始终关注发生在学生中的最真实的事件，关注学生最迫切的需求，以学生喜闻乐见的栏目形式和版面风格，为学生提供学习、生活、娱乐等全方位的资讯服务。

4. 坚持走出去、引进来，形成网上网下互动的良好育人氛围

“学生在线”网站坚持活泼上进、开拓创新的精神品格，坚持网上网下互动。连续六年组织“寻访校友足迹，寻找人生坐标”暑期社会实践活动，让学生在了解山大百年历史、学习校友人生轨迹的同时，努力思考自身责任，寻找正确的人生道路；开展网络文化、网络知识讲座，让全校数以万计的学生了解网络文化知识，提高在网络环境下成才的能力；举办“网络文化节”“网络安全与网络文明宣传月”活动，倡导“以网络和谐促校园和谐”，提倡文明上网，在广大师生中产生了极大的影响和良好的反应，对促进校园网络文化建设起到了重要的推动作用。

5. 搭建学生素质拓展的良好平台

十几年来，网站一直鼓励学生自我教育、自我提高、自我成才，先后有几千名学生曾经在“学生在线”网站工作过，自主进行网站设计、新闻采访、事务管理等，通过这些实际工作，得到了提高和锻炼。尽管成长的过程中有过辛酸，有过泪水，但是他们始终坚持不懈，努力追求，体会拼搏的喜悦和成长的快乐。一批又一批德才兼备、素质过硬的山大学生在这里接受了锻炼和培养，又满怀信心地跨入更高层次的学术空间或工作岗位。

从“我们一直在努力”到“学生在线，精彩无限”再到“做传媒，我们敢为人先”，“学生在线”网站始终关注网络发展新动向，不断更新着自己的理念与观念，不断探索，勇于创新，日访问量接近两万次，为山东大学培养一流的创新型人才的目标做出了积极贡献。逐渐发展为山东大学进行网络思想政治教育的坚强阵地。

多年来，“学生在线”网站取得了一系列可喜的成绩，2003 年和 2005 年，网站两次将学生的评论感悟文章结集成书，出版了《山东大学文化素质教育成果集》，合计 180 多万字。2004 年，网站建设获山东大学“教育创新与教学管理奖”和“教学成果奖二等奖”，2006 年荣获由教育部“中国大学生在线”网站组织评选的“全国十佳校园学生门户网站”称号，2007 年荣获“全国十佳思政类网站”，“学生在线”娱乐子站荣获“十佳文娱类网站”。同时，

网站在全省高校的思想政治教育工作中也发挥着积极作用，2005 年被确立为“山东省网络思想政治教育研究基地”。《光明日报》《中国青年报》《大众日报》等多家媒体曾对“学生在线”网站的做法进行了报道，我校网络文化建设方面的做法也被《教育部简报》《教育部加强和改进大学生思想政治教育简报》专题报道。

（四）创新资讯与服务——浙江大学“求是潮”网站

2001 年 4 月 3 日正值浙江大学建立 104 周年之际，“求是潮”网站开通。自开通以来，网站不断发展，反复实践和探索，踊跃开拓进取，为打造浙大学生门户网站不断进步。

在2006年10月第六次改版之后，“求是潮”已拥有近200人的工作团队，界面内容丰富，风格活泼，功能强大，影响深远，深受广大同学欢迎和相关校园媒体关注，越来越发挥出了其作为校园信息中心、上下沟通桥梁、学生新型课堂以及学生实践基地等多方面作用。

第六次的改版对整体排版、栏目设置、文字内容、图片图像进行了较大规模的改进。各栏目经过调研，为迎合广大同学们的兴趣，进行了筛选、分拆，共分设 5 大子网。改版还加大了广告服务功能。

根据近期网站建设“丰富内容，开拓功能，扩大影响，加强指导”的工作方针，“求是潮”将更加致力于内容精品化，服务细致化，功能多样化，管理规范化，同时加强网站功能的开发，整合各种网络资源，更好地做好新闻、广告等各类服务功能，使其更加贴近求是学子的生活，真正成为浙大学子的网上精神家园，不负领导的期望和所有关心、爱护“求是潮”的热心网友的厚望。

“求是潮”的口号：你我的舞台，大家的精彩。

“求是潮”的宗旨：全心全意，服务求是师生。

“求是潮”的精神：求是根基，创新如潮。

“求是潮”的素质：正直、高效、团结、拼搏。

“求是潮”的目标：求是稳健，打造一个国内知名的学生综合门户网站。

“求是潮”网站链接地址：http://www.qsc.zju.edu.cn/

（五）符合专科实际的思政网站——成都电子机械高等专科学校“弘毅”网站

网站要想深入人心，具有较高的点击率，就必须根据现代人快捷、灵活、务实的需求口味，为受众提供思想充电、精神吸氧和无障碍交流的良好氛围。为此，“弘毅思想政治教育”网站大胆探索，勇于实践，树立精品意识，形成了鲜明的特色。

1. 特色鲜明、资源丰富

“弘毅”思想政治教育网站因其校友陈毅而得名。陈毅，原名陈世俊，字仲弘，读甲工校时曾名称允明，因读曾子名句“士不可不弘毅，任重而道远”而改名陈毅。弘毅者，喻宏大的志愿，坚强的意志也。网站将资源按内容分为资料性、信息性、指导性、辅导性四大版块，并根据版块开设了“陈毅专题”“形势政策”“学习园地”“思想政治”“网络党校”“学校党建”“青年联盟”“统一战线”“校史展览”“红色影院”“心理健康”等栏目。这些版块和栏目的设置，使网站内容充实，新颖活泼，信息量大，功能完善，增强了思想政治教育工作的吸引力和感染力，从而把握了网络思想政治教育的主动权。

2. 定位准确、页面美观

“弘毅”思想政治教育网站搭建了开展思想政治教育工作的网上平台，是开展网上思想政治教育的专业网站，它既能为广大师生提供学习等方面的各种辅导资料，充实和扩大对马克思主义、毛泽东思想、邓小平理论、“三个代表”重要思想的宣传，又能使网站成为信息交流的渠道，传播校园文化的载体，与师生沟通的桥梁，从而使思想政治教育与全校师生的日常生活紧密结合起来，成为思想政治教育工作的新阵地，在校园中营造起健康、向上、文明、高雅的网络文化氛围。网站在建设过程中，对页面的美工设计十分的重视。“弘毅”思想政治教育网站，页面设计简洁、实用，色彩搭配和谐、美观，图文并茂，声像结合，给人赏心悦目之感，达到寓教育于愉悦的欣赏和娱乐活动中的目的。

3. 立足学校、面向社会

“弘毅思想政治教育”网站坚持学校特色，注重网站实用功能的开发和运用，立足为学校师生服务。在“陈毅专题”栏目中，通过陈毅诗词作品等大力弘扬陈毅精神，弘扬时代的主旋律；在“经典著作”栏目中，给师生提供了马克思、恩格斯、列宁、毛泽东、邓小平等原著选读资料；在“理论文章”栏目中汇集了当前最新的理论研究成果、专家学者理论文章等;“网上党校”增强了与党员和入党积极分子的交流，回答师生提出的有关思想、学习和生活等方面的问题，丰富了党校培训的形式;“心理健康”为学生介绍了有关心理学方面的知识、现象，介绍了心理咨询中心人员，为广大学生提供及时的心理咨询服务等;“教师风采”着力宣传学校优秀教师的先进事迹，以典型的示范作用激励广大师生。同时，“弘毅思想政治教育”网站作为思想政治教育的网上平台，由于具有思想性强、资源丰富、信息量大、资源共享等特点，可以大大加强网站的社会服务功能。

4. 进一步完善“弘毅”网站

“弘毅思想政治教育”网站的建立，为该校思想政治教育工作构建了新平台，开创了思想政治教育工作的新局面。但是要建设好融思想性、知识性、趣味性、服务性于一体的主题教育网站，积极开展生动活泼的网络思想政治教育活动，还有待我们不断探索、完善和加强。

（1）加强网络思想政治教育的队伍建设。无论是思想观念、价值取向、还是行为模式，网络都对大学生产生了很大的影响，要取其利而避其弊，必须把网络工作作为学校教学工作的一个重要内容来抓，建立起一支既有较高政治理论水平、熟悉思想政治教育工作规律，又能有效掌握网络技术、在网上进行思想政治教育的专、兼职队伍。使他们尽快适应思想政治教育进网络工作的需要，增强网络育人意识。这是做好思想政治教育进网络的重要组织保证。

（2）严格管理，健全制度。作为思想政治教育的专业网站，“弘毅思想政治教育”网站的一大特色是党管网站。网站由学校党委宣传部主管，保证了舆论导向。网站实行严格管理，指定专人负责网络安全，对论坛等敏感区实行监控。根据学校实际，制定了运行管理制度——《校园网管理办法》《校园网两级管理制度与网络安全管理员基本职责》和《校园网用户守则》，安全管理制度——《关于加强学校新闻宣传和网络信息管理的实施意见》《校园网安全管理办法》和《关于加强网络及信息安全工作的通知》等。使网络管理做到了依法办事、有章可循。

（3）把网络虚拟空间与校园现实生活紧密结合起来，增强实效性。网络与现实世界的关系是十分密切的。网络对学生有着十分深刻的影响，这是我们面临的新的情况，现在大部分的学生主要通过网络来获得信息，而很少看报纸和电视。因此，要对网上的动态进行密切的关注，了解大学生思想状况，加强同大学生的沟通与交流，对大学生提出的问题进行及时的解答，紧密结合网络虚拟空间与校园现实生活，形成网上网下思想政治教育的合力。

（4）加大投入，为网站健康有序运行提供可靠保证。在网络技术越来越普及的时代，建立一个网站的确容易，但是要使网站正常健康运行、充分发挥作用实属不易。为此，学校应加大人力、物力、财力的投入，组织专门力量，积极地对信息技术的新特点、新形势下师生思想活动的新特点、思想政治教育进网络工作中出现的新情况、新问题、解决问题的新思路、新方法等进行探索和研究，只有这样，才能不断为网站提供信息、资源和成果，使网站资源丰富、运行灵活、后劲十足，充满生机和活力。

“弘毅思想政治教育”网站的建立，为学校思想政治教育工作科学化、现代化提供了有利条件，整合了网络资源，实现了资源共享。我们可以通过网站直接与师生交流、沟通，宣传党的路线、方针、政策，从而增强思想政治教育工作的穿透力和影响力。

（六）校内师生交流的平台——山东大学“泉韵心声”BBS

山东大学“泉韵心声”BBS网站(http：//bbs.sdu.edu.cn)成立于2000年10月，十几年来，“泉韵心声”以“服务同学，搭建信息交流互动平台”为宗旨，从进站主题做起，狠抓主题版块建设，倡导原创，鼓励主题明确、言之有物的高质量文章，同学参与积极，版面活跃。日在线人数超过1 200人，每天发表各类主题文章1 000余篇，跟帖文章1万余篇。

“泉韵心声”充分发挥校内用户信息交流平台的作用，积极进行政策解读和热点评析，引导正确的舆论。学校每天从网站上搜集学生的热点话题，进行整理，形成每期不少于5条的“学生关注话题”，及时反映给校领导和学校相关部门，采取有针对性的解决办法，起到了上通下达的积极作用。

2006年，“泉韵心声”web主页经过多次改版更加美观，版面种类日渐齐全，各个版面丰富多彩，各项制度日臻完善，成为山东大学校内师生传递信息、探讨学术、交流思想、休闲娱乐的重要平台。

“泉韵心声”博客建设卓有成效，一大批文笔流畅、情真意切，有思想、有深度的个人博客不断涌现，逐渐成为站友的焦点话题，也为泉韵心声的发展增添了一笔浓厚的色彩。

“泉韵心声”BBS 的网友曾经说过：“成长中总会有许多故事，令人兴奋，令人忧伤，令人快乐，令人惆怅，年轻的心也曾渴望将成长的秘密与人分享，伸出你的双手，会有无数双手期待与您的交流——‘泉韵心声’BBS，我们最纯真的年代。”这是 BBS 的最好写照。

“泉韵心声”BBS 的管理者和建设者认为，作为现在大学校园中流行的交流互动方式，BBS 是一个学术讨论与信息交流的良好场所。作为山东大学的主打 BBS 站点，管理者始终坚持以“为山大学子建网上心灵家园”为己任，深入大学生内心世界，传递最真实的声音，打造最自由的交流场所，建设最精彩的网上家园，碰撞最深邃的思想火花。在广大站友的热情支持下，该站已经得到了良好的发展和完善，目前已发展成为了一个以学术交流为主，提供多种信息交流综合性 BBS 平台。

“泉韵心声”BBS 的主体是各类主题的讨论区，可以快速地分享各种信息；为加强各个学院同学的交流，管理者为山大各个学院开设了自己的版面，这些学院自己版面的开设，为这些学院同学们之间的交流提供了方便，也为该站的发展做出了贡献。学校的各个社团也都在此有讨论版，作为内部交流的管道，如自行车协会、旅游协会、轮滑协会，他们发起的活动都可以在 BBS 上实现。

“泉韵心声”BBS 的讨论是通过发布相关帖子来实现的。在 BBS 上，话题分散于多个用户之间，每个人都可以发表各种不相关的话题，都拥有相同的主题发言和回复别人话题的权利。BBS 的帖子结构，通常是一篇原创文章或评论，下面跟上其他网友的相关发言。BBS 采用帖子固顶和根据发帖的时间顺序来组织文本，并按照主题对帖子进行分类。BBS 可以随意编辑各种形式的签名档，如彩色或动态的，这是其吸引了众多网友的原因之一。

值得注意的是，“泉韵心声”BBS 自 2007 年 5 月份以来，全面实行“先审后贴”机制，所有网友的言论都在站务和实习站务的控制范围之内，确保了危险帖子禁止出现、过激言论有效引导、校内信息及时发现，为学校开展网络思想政治教育提供了有力保障。

（七）山东理工大学“青春在线”网站

“青春在线”网站是由山东理工大学学生工作部（处）主办、网络中心协办，由学生自行设计制作、管理、维护，以实现学生工作进网络、开拓大学生思想政治教育网络阵地为目标，以“贴近学生、引导学生、服务学生”为宗旨的校园门户网站。网站至今已推出了第六版，包括分属于“新闻中心”、“文娱中心”、“心灵之约”、“资讯中心”、“绿岛社区”5 大版块的 35 个频道 360 余个子栏目，为广大学生提供新闻、通知、在线海报、资料查询、题库书籍、时尚资讯、心理咨询、音乐动漫、精彩下载、勤工助学、公寓服务、保险理赔、就业求职等各种全面周到的服务和资讯。网站还结合不同时期做了一系列的专题，如每年的毕业生专题以及迎新专题，运动会专题、各年年终盘点、文明修身专题、五心教育专题等。网站的栏目数量、信息量、访问量均居山东省高校同类网站前列，网站建设也已经达到了省内一流水平，为学校的对外宣传工作做出了突出的贡献。2003 年 7 月，网站参加了中国共产主义青年团第十五次全国代表大会的宣传活动；2004 年 5 月“青春在线”网站成为“中国大学生在线”的深度共建单位并承办了“三个代表”“齐鲁文化”两个重要项目；2004 年 10 月 25 日山东高校德育工作评估组专家莅临山东理工大学，高度评价了网站的工作；2004 年 12 月和 2005 年 12 月“青春在线”在学校网站评比中连续两次获得第一名；2005 年 7 月《中国教育网》报道了山东理工大学网络思想政治教育及“青春在线”网站的有关情况，这标志着其网络建设及网络思想政治教育已经走在了全省高校乃至全国高校的前列。

网站以“贴近学生、引导学生、服务学生”为宗旨，实行正规化、科学化、以人为本的管理模式，现已形成了具有雄厚实力的网站工作团队。网站现有工作人员 30 余名，由站长、副站长直接领导，下设办公室、技术部、采编部三个部门。网站工作人员享受全校统一的勤工助学待遇。幽雅的办公环境、完备的微机及数码设备为网站的建设提供了广阔的空间；快捷稳定的服务器及宽带上网环境为切实实现学生工作进网络提供了信息平台。

（八）兰州大学“萃英在线”网站

“萃英在线”网站是兰州大学党委学工部指导下的学生自主开发设计，旨在为全校同学提供全方位的教育、管理、服务、交流，及思想教育于一体的综合性学生门户网站。萃英在线根据学校网络建设规划的总体布局，使网站贴近学生，关注校园和社会现实，体现教育性、服务性与时代性、多样性的统一。

网站始建于 2005 年 10 月，先后经过多次改版。网站内容贴近学生、服务学校师生，主题突出，内涵丰富。围绕学校中心工作和学生成长成才，力求做活做强校内新闻、做深做精思想教育、做新做好服务娱乐。萃英在线已成为兰州大学思想政治教育工作进网络的重要阵地；成为对内对外宣传的重要窗口；成为广大师生学习交流的重要网络场所。

“萃英在线”网站的口号：萃英在线，沟通无限。针对青年大学生实际，萃英在线网站精心设计了网站，科学设置了频道及栏目。

第三节　高校思政教育主题网站建设中存在的问题

随着信息技术的迅速发展，互联网与大学生的学习和生活关系越来越密切。建设高校思想政治教育网站，用正确、积极、健康的思想文化占领网络阵地，帮助青年学生树立正确的世界观、人生观与价值观，已经成为网络环境下高校思想政治教育工作重要而紧迫的课题。网络思想政治教育工作作为新生事物已经引起越来越多的人的关注与重视。

目前，全国各高校纷纷投入很大的人力、财力、物力，建立了大学生思想政治教育的专门网站，在思想认识、工作体制、队伍建设、条件保障等方面下功夫，并取得了一定的成效。例如，由教育部主办、全国高校共建、上海交通大学牵头承办的全国思想政治教育示范网站——“中国大学生在线”，功能日臻完善，内容深受学生喜爱。但是，从总体上看，高校思想政治教育网站建设的飞速发展与网络环境下思想政治教育工作的现实需要之间还存在着一定的距离和一些不相适应的地方。我们必须清醒地认识到高校网络思想政治教育工作存在的一些问题：

一、部分高校网站建设的理念相对滞后

我们现在所处的是一个更加开放、更加灵活、更加尊重人的个性自由全面发展的新时期，这是马克思主义关于人的全面发展的重要思想体现。部分高校大学生思想政治教育网站在建立时，没有较好地遵循“以人为本”的思想和依据网络思想政治教育的特性来建立网站，更多的依然是受传统的思想政治教育的理念的影响，以一种威严的课堂主导者的角色意识出发。不能从一种积极主动、富有亲和力、人性化、平等观的立场出发，居高临下、只会事与愿违。

二、网站管理的规则不尽统一，发展水平不均衡

（一）高校思想政治教育网站发展水平不均衡

通过对思想政治教育网站的访问，我们发现各网站在建设水平上有很大的差距。一是在网站的页面设计上，有的网站从布局到色彩既美观又合理，但有些网站的网页制作不科学，缺乏吸引力，有些网站只有一个简单的介绍页面；二是在网站的内容上缺乏统一的标准，经过深入调查，发现由非组织部主办的 60 个思想政治教育网站，这些网站的页面及内容可谓各有特色（如表 8-1）；三是在网站的维护上，有些网站内容的链接无效，有些网站信息更新不及时，半年甚至一年前的信息还在新闻首页上，有些网站访问速度慢，甚至到了无法访问的地步。

表 8–1 非组织部主办的思想政治教育网站的页面与内容

栏目内容	两课学习	理论学习	经典理论	心理辅导
栏目名称1	两课教育	理论著作	经典收藏	心灵驿站
栏目名称2	两课教学	理论经纬	经典文献	心情驿站
栏目名称3	两课之窗	理论园地	理论经典	心灵之约
栏目名称4	两课辅导	理论探索	经典著作	心理驿站

（二）高校思想政治教育网站行政管理不统一

如表 8-2 所示，在 131 个网站中，主办部门很多，有各校的宣传部、团委、组织部、学工部、共青团委员会、系部等，有些高校几个行政部门都建有思想政治教育网站（网页），由于我国高校思想政治教育网站建设还没有全国性的宏观规划，加上地域分散、系统分割等原因，绝大多数网站处于各自独立、相对分散的状态，彼此之间缺少系统内、区域性的链接，提供跨系统、跨区域链接的就更少了。在我们调查的网站中，只有 41.2% 的网站提

供了与其他高校思想政治教育网站的链接。归口管理的不一致，不仅使网站的建设标准和内容难以统一，而且也不便于各网站之间的联合协作，更不便于用户的登录利用。

表 8–2 高校思想政治教育网站行政管理部门示例

主办部门	网站数	百分比	主办部门	网站数	百分比
“两课”教学部	1	0.76%	中共委员会	2	1.53%
组织宣传处	1	0.76%	系部	3	3.29%
纪委	1	0.76%	网站	4	3.05%
新闻中心	1	0.76%	学工部	5	3.82%
思想政治教育处	1	0.76%	党委	7	5.34%
宣传统战部	2	0.76%	不详	8	6.11%
团委	2	1.53%	宣传部	41	31.30%
组织部、统战部	2	1.53%	组织部	50	38.17%

（三）高校思想政治教育网站栏目链接不规范

在内容建设较全面的 86 个思想政治教育网站中，只有 36 个可在学校主页的一级类名中找到，其他网站（页）则在主页“组织机构”“校园文化”等栏目下，个别网站（页）放在三级目录里，不熟悉网络的人查找很费周折（如表 8-3）。而且网站的名称呈现多样性和随意性，在登录的网站中有叫“红 ××”的，有叫“网上党校（党建）”的，有用“××思政网”的，也有用诸如“航标网”等特色站名的，部分网站的名称含义不清，缺乏性质描述，让人不能立刻了解网站的内容，这样既影响了网站的浏览量，也不能最大限度地发挥网站的网络教育功能。

表 8–3 思想政治教育网站的链接方式

链接方式	校园网主页有思政栏目（网站名称）	组织机构栏目下	校园文化栏目下	其他
网站数	36	40	5	5
百分比	41.9%	46.5%	5.8%	5.87%

综上所述，当前高校思想政治教育网站在管理上还存在一些问题，因此，高校思想政治教育网站的建设还需要我们不断加大投入，不断提高完善。

三、思想政治教育主题网站发展中面临的问题

（一）门户网站、思政类网站数目少，访问量低

据了解，许多高校建立了形式多样的网站或者网页，但思想政治教育网站或网页不多，在内容上也不够丰富，缺乏吸引力。有的高校思想政治主题网站的日平均访问量仅仅 100 余人，远不能发挥网络思想政治教育的功能。

网络的特殊性，决定每个网站的点击率不是由网站设立者所能左右的，也不会因为是教育者而能够左右受教育者的网站登录权。这也正是网络思想政治教育与传统思想政治教

育的根本差别。因此，思想政治教育进网络工作是一项复杂的系统工程，打造了阵地不等于守住了阵地，建立了阵地也不等于就有人登录阵地，优化高校网络思想政治教育的功能，提高网站的点击率，增强吸引力，使网络思想政治教育取得良好的实际效果，必须依据思想政治教育的规律和网络载体本身的特点来选择科学合理的路径。

（二）BBS（论坛）在大学生思想政治教育中的应有作用没有充分发挥

许多高校校园网原来设置了学生论坛，但由于种种原因大多被迫关闭。调查发现，学生访问较多的高校论坛有“水木清华”（清华大学）、“小百合”（南京大学）、“未名 BBS”（北京大学）、“饮水思源”（上海交通大学）、“学思湖畔”（上海师范大学）等。高校利用 BBS 和聊天方式进行教育引导的情况尚不理想，能肯定自己在聊天或者浏览论坛时遇到老师的学生仅占 10.5%。

（三）内容枯燥

网络世界五彩缤纷，人们能够在网上寻求到个体所需要的学习、生活、工作、娱乐的各种信息和天地是网络吸引人的根本原因。思想政治教育内容与网络和多媒体技术相整合，使形态从平面化走向立体化。从静态变为动态，从现实时空趋向超时空。大学生正处于世界观、人生观、价值观固化形成的关键时期，思想活跃。有着强烈的成长成才愿望，而个性张扬、娱乐需求也是年龄特征使然。高校大学生思想政治教育网站普遍存在更多的强调政治理论知识的追加，而对大学生的专业学习、兴趣爱好、休闲娱乐想到得很少，有的即便设有一些栏目，但内容陈旧，更新不及时，形同虚设。大学生登录到这样的网站感到一种压力，查阅一些资料后就离开。不能长时间地驻足浏览，起不到潜移默化的教育功效。

（四）形式单调

本书所指的网络思想政治教育的形式有两方面的含义，一是网页的外在形式，二是网上教育渗透的形式。各高校大学生思想政治教育网站的页面较为呆板、单一，大多仅仅是以一些校园的风光图片作点缀，静止的多，动态的少，平面的多，立体的少，难以和一些综合性的网站如新浪、搜狐、网易等相媲美，就是和一些专业性的网站相比差距也很大。教育的形式方法更是简单地将政治理论知识上搬，没有采取灵活多样的形式方法，充分依托网络的技术优势，开展富有成效的思想政治教育，实现网上网下思想政治教育的互补。

（五）技术不新

网络技术的发展更新相当迅速，可谓一日千里。综合性的网站能够及时地把网络技术的新成果第一时间运用到网站的更新中去，增强网站的影响力、吸引力和辐射力。高校作为技术创新的重要基地理应在网络技术的创新和运用方面走在前列。实际上是高校的大学生思想政治教育网站的技术含量相对较低。网速也较慢，而学生对每个网站的建立水平相当挑剔，从而使得大学生登录的积极性在一定程度上受到了影响。

（六）特色不明显

衡量一个网站是否具有吸引力和生命力的重要标准是其是否具有特色化和个性化。高校大学生思想政治教育网站虽然从宏观的要求上、目标上具有一致性，但是在具体的展现形式上应该立足本校实际，认真分析提炼，建立具有各自鲜明特色的思想政治教育网站。并相互补充，形成合力。而实际的状况是各高校的大学生思想政治教育网站大同小异、内容重复、特色不明显，缺乏对大学生的吸引力和感染力。

第四节　构建高校思政教育主题网站的新模式

一、建设思想政治教育主题网站的方式方法

（一）凝聚力量，加强建设

按照教育部《关于加强高等学校思想政治教育进网络工作的若干意见》文件精神，学校要在党委统一领导下成立由负责宣传思想政治教育工作的党委领导为组长，由主管网络建设工作的校领导和学校宣传思想、学生工作、稳定工作和网络技术等部门负责同志参加的网络思想政治教育工作领导小组。校园网络建设总体规划中要包含思想政治教育进网络这一项内容，而校园文化建设的总体规划要包含网络文化这一项内容。要以思想政治教育进网络工作的需要与网络技术的特点作为依据，建立相应的管理体制，明确党委宣传部门、学生工作部门、技术部门等的具体职责，做到职责明确，责任到人，并争取成立以网络教育办公室牵头的学校学生思想政治教育工作网络教育系统，将校园网络文化氛围营造成为高雅、健康、文明、积极的，并使之充分发挥对青年学生的引导作用。在具体建设方面，要以学工处的主题思想政治教育网站牵头，由各学院及部分职能部门承建主题网站的某一具体版块，由各学院配备专职或兼职的网络教育管理（信息）员定时进行更新和维护。

在网站建设的原则中我们提到，作为一项复杂的系统工程的思想政治教育主题网站的建设，需要各部门的共同协作，同时也为确保网站以强烈的吸引力与网民见面，必须从相关部门抽调部分工作人员，专职开展网站筹建工作。最好由党委宣传部牵头、组成包括“两课”教学负责部门、各党总支、学生工作组织和计算机网络技术部门共同协作的网站建设群体，并对分工协作原则加以强调，这一点非常重要。除此之外，学生骨干队伍也是一支不容忽视的队伍，他们来自受教育群体，能带来学生的声音、学生的视角，使得教育的针对性增强，对网站建设的成效起着举足轻重的作用。

（二）提高质量，打造品牌

1. 在栏目上创新

网络思想教育网站应与自身特点相结合，将资源充分挖掘，做好当代网络思想教育的

调研工作，紧贴教育对象思想实际，对栏目进行创新，建成将专业性、服务性、思想性有机结合的主题网站。例如，可以就理想信念主题教育、国防教育、勤工助学、校园文化建设、心理健康教育等内容开设专栏，或开发制作家教桥梁、普通话培训、课件设计、编程等专题栏目，做成受到教育对象欢迎的品牌，形成教育平台和品牌网站、品牌栏目。

2. 在内容上丰富

心理教育、思想理论教育、道德教育和政治教育等是思想政治教育包括的基本内容。要充分运用超市理念——创建什么样的网站，充实什么样的内容，要对受教育群体的需要进行充分的考虑，在内容上尽量满足服务对象。这样，不仅能使有限的资源发挥比较高的效益，而且能令网站工作人员的服务意识提高。从其反馈的信息中将工作不断地改进。进一步推动思想政治网站的发展和繁荣，在网络时代，网上的信息量十分巨大，信息传播快捷，思想政治教育必须适应这一变化，适当调整教育内容。为此，应对以下几方面内容的教育重点加强：

（1）分析问题的立场、方法的教育，帮助学生正确分析和对待各种不同的意识形态和价值观念。

（2）网络化时代的道德规范教育。

（3）分析虚拟世界与现实世界之间的关系。

（4）网络心理教育等。

充实、渲染、陪衬和烘托，尽力把浏览者的目光吸引过来。把严谨的思想政治理论、严肃的思想道德修养等思想政治教育的核心内容变成深入浅出和生动活泼的网络表现形式，这也是思想政治教育主题网站追求的目标和境界。与此同时，要让网站每天都有新的内容与信息，比如，各类重大新闻及重要评论等，将网络信息的即时性优势充分体现出来。网站首页必须设立新闻尤其是重大的新闻焦点栏目、校园动态等，吸引人们前来访问。

3. 在规范中提升

教育单位应将网络培训作为一项重要的建设计划，通过组织一些网络知识讲座和选修课，或将网络应用渗透到有关课程中，来提高受教育者使用网络的水平。另外，在注意传授网络应用知识的同时，还应加强网络素质教育，在网络使用上要注意法律以及道德规范，使教育对象上网时能够进行比较好的自我管理，培养高素质的网络公民。

（三）动态管理，确保安全

目前，很多教育单位设立了搜索引擎，建立了多重链接，有的甚至还建立娱乐游戏，组织互动性栏目如网络聊天室、BBS 论坛等。以此来将浏览者的兴趣激发出来，并使访问者进入和参与网站的积极性被调动起来，扩大思想政治教育主题网站的影响深度和广度。这就要求网站建设过程中必须加强动态管理，及时实施监控，对各种动态信息严格把关。各网站发布相关的信息时应该做到：

第一，要从政治上严格把关，严禁将反动信息发布出去。

第二，要严禁发布有关暴力、色情的内容。

第三，要防止过强的商业性炒作。

各网络管理员、信息员及教育工作人员不仅要及时将各个网站的工作动态发布到网络工作办公室，并且还要对网络上的各种信息进行适时的查阅，一旦发现有损形象和不利于教育对象健康成长的信息，必须及时向负责网络的办公室报告，与此同时，也要向相关职能部门汇报，做到不良信息尽快处理、及早发现、及时上报并及时删掉。

在管理中，应坚持疏堵结合，做到监控和引导并重，引导学生进行自我教育、管理。对网上关于一些话题的热烈讨论，倘若只是把所有与敏感信息有关的文章删除，容易引起学生的反感甚至导致他们产生对立情绪。因此，要做到具体问题具体分析，在技术上可灵活运用不同的 BBS 监控处理手段：删除、部分删除、设置为不可回复、做成合集、发信给相关网友提出警告、暂停相关网友发文或上站权限等。除技术手段外，要针对网上一些敏感问题发表正面引导的话题，提出正确意见和建议，引导广大网友树立正确的观点和立场；要培养和依靠学生骨干，执行自我管理和控制；要将网上骨干活跃人员团结起来，通过发挥他们的正面影响力，带动和教育更多的网友，使他们变得更加理智、成熟。

（四）开放办网，增强活力

面对当前网络技术日新月异的发展，要将网络文化的建设全面加强，使网络成为弘扬主旋律、开展思想政治教育的重要手段，就必须努力做到：

（1）加强对教育对象的正面引导，灌输与互动相结合。

（2）开发快捷、高效的网上办公平台。

（3）建立完善的 FRP 资源站点，为学生学习和使用的服务项目提供方便。

（4）定期推荐好的网址，对学生正确上网进行指导。

（5）开设权威性的专业学术站点镜像，设立一些有实在内容的专业学术主页。

（6）加强交流反馈，使得工作透明度提高。

（7）将宣传力度加大，使网络教育在教育对象中的影响进一步扩大。

（8）积极向外、向上拓宽高校思想政治教育网络联盟，共享教育成果、教育手段和教育方法，交流先进有效的做法等。

要让网站构架起虚拟空间与真实空间之间的沟通桥梁，网上网下工作同步进行。比如可以将学校教育的重点和内容安排作为依据，将网络资源进行合理利用，有针对性地组织对各种热点和难点问题的讨论，邀请知名教授、专家学者和社会名流、明星与网友即时聊天，开辟网上培训，建立网站会员联谊会，并定期召开有意义的交流会和研讨会等。还可以将形势与政策教育相结合，开设感恩教育、道德模范事迹宣传等专题，并在网上进行形势与政策课程辅导，以期收到较好的效果。

要让网站的交互功能得以实现，包括用户与网站之间的交互和用户与用户之间的交互两个方面。用户与网站的交互，能够使网站综合实体的感觉增强，使用户对网站产生亲和力，网站也容易培养自己用户的选择度。留言板、特色排行榜、电子邮箱、注册用户、搜索引擎、网上调查、自主新闻等是此类交互性功能所包括的应用；用户与用户的交互则可以通过聊天室、电子论坛、跳蚤市场、同学录、虚拟社区等来实现。

（五）筹建队伍，提高水平

"培养一支既具有较高的政治理论水平、熟悉思想政治教育工作规律，又能对网络文化、网络技术较有效地熟悉、掌握，能够在网络上进行思想政治教育工作的队伍，包括专职工作人员队伍、党团员和师生骨干队伍，是做好思想政治教育进网络工作的重要的组织保证。"同样，在建设思想政治教育主题网站工作中，也需要一支素质过硬、能力较强的网站建设队伍。

目前，网站建设队伍的现状还无法跟上时代需要的步伐，存在的问题还很多，比如年龄结构不合理、较薄弱的力量、较低的网络信息素质等，需要对其进行改造、充实和提高，完成由依靠传统方式进行思想政治教育向思想政治教育方式网络化的转变。以下是队伍优化的方向应该包括的三个方面：

（1）要将政治及理论修养提高，熟悉网络思想政治教育工作原则和规范，把好关，定准向。

（2）对计算机知识要熟练地掌握，对网络技能技术也要能熟练地使用，掌握现代思想政治教育工作手段。

（3）要大力提高外语水平，尤其是阅读水平。

把这支队伍建设好了，不仅可以建立一道坚固的人文、技术"防火墙"，适时有效地对网上的各种信息进行监督控制，封堵和拦截不良信息，从而保证网站的正常有效运行；同时还能够充分掌握开展网上思想政治教育工作的主动权，扩大覆盖面，增强影响力，提高思想政治教育工作的实效性。

二、构建思想政治教育主题网站联盟

以创建思想政治教育网络资源管理平台的构想和近年来探索高校思想政治教育进网络的理论与实践积累作为依据，杭州电子工业学院于 2002 年 11 月创建了中国红色网站联盟网站。这是建立高校网络思想政治教育主题网站联盟的初步尝试。

中国红色网站联盟作为国内思想政治教育网站之间亲密合作的联盟，是国内众多思想政治教育网站的门户，旨在将全国思想政治教育网站资源共享得以实现、思想政治教育网站及其建设者间的交流与合作得以加强、推动思想政治教育进网络工作深入发展，它集成了全国近500家思想政治教育网站的网络资源，形成了极富震撼力的思想政治教育新阵地，它的诞生标志着全国思想政治教育网站走向整合和实现资源共享。其基本做法是：

（一）跟踪思想政治教育进网络的最新趋势，推广思想政治教育网站发展的最新成果

中国红色网站联盟由于聚集了国内大部分思想政治教育网站，能对思想政治教育网站的发展现状有一个整体把握，优秀的思想政治教育网站在联盟所构建的平台上能脱颖而出。中国红色网站联盟动态跟踪加盟的众多思想政治教育网站发展的最新趋势，对优秀站点推荐栏目进行推荐，并对优秀的思想政治教育网站进行推介，对网络思想政治教育网站整体水平的不断提高起到促进的作用。目前，联盟向各成员网站推广的第二代思想政治教育网站的办站模式与理念已经起到了积极作用（第一代的建站模式——思想政治教育内容的简单组合＋互联网功能的初步开发；高效和可持续发展的第二代思想政治教育综合网站模式——现代化的思想政治教育理念、思想政治教育资讯的网络化演绎与充分开发互联网优势的有机融合）。

（二）开发强大的搜索引擎，实现网络资源共享

中国红色网站联盟对思想政治教育网站按所属省市区和创建者性质对加盟网站进行了合理的分类，并对功能强大的站内搜索工具进行了设置，加盟网站的各种信息用户都可以迅速搜索到，迅捷登录各联盟网站。联盟正在开发的新搜索引擎，将能迅速搜索到加盟网站的栏目和具体内容，为实现网络资源共享提供便捷工具。联盟开设了互动式交流平台，设置了交流版块，比如，内容丰富的联盟论坛、界面友好的留言板以及自助式的新闻发布系统等，加盟成员可以自主发布本网站的最新信息，上传网络资源，获取所需资讯。联盟在促进思想政治教育网站间的交流与合作方面发挥着越来越重要的作用。

（三）进行全国性调研和推广，激发思想政治教育网站的活力

作为拥有众多加盟网站的门户网站，中国红色网站联盟具备了推广与调研思想政治教育网站的条件和能力。联盟将每年进行一次全国红色网站调查，发布一年一度的全国红色网站调查报告，为研究中国红色网站的现状与最新发展提供全面资讯。在此基础上，联盟将把所有加盟网站的智慧集合起来，研发科学的评估系统，每年进行一次全国红色网站排名，评出年度百家优秀红色网站，发布一年一度的全国红色网站排行榜，对思想政治教育网站可持续发展起到促进的作用。

（四）构建思想政治教育网络管理平台

思想政治教育网络资源管理平台的构建，将思想政治教育在时间和空间上扩展，使其具有更加广阔的范围，不同学校、不同地区乃至不同国家的师生可通过平台共享德育资源，使学校教育、家庭教育、社会教育在真正意义上形成合力，为实现网络时代思想政治教育现代化提供了重要途径。

（五）增加思想政治教育网站间的互动交流

思想政治教育网站在建设过程中，需要将优秀思想政治教育网站发展的最新成果加以借鉴，增加交流能促进思想政治教育网站的发展。目前各个思想政治教育网站除了部分链接了一些较知名的思想政治教育网站外，相互之间交换链接以及互动交流都非常少；大多数思想政治教育网站是依托校园网建立的二级网站，而且并未在各大搜索引擎登录，主要局限于校内使用，外校师生难以搜索到并难以方便访问这些网站；除此之外，分散在各高校的思想政治教育网站发展不平衡，各网站既各有特色，又有不少重复建设，发展较好、具有活力的思想政治教育网站的办站经验没有通过有效途径得到广泛推广。在推进思想政治教育进网络的可持续发展进程中，要将互联网的优势充分利用，将交流上的时空障碍跨越过去，如今显得非常迫切的就是对全国性的互动交流平台的建设。

（六）促进思想政治教育社会化

思想政治教育在面向未来，推进思想政治教育现代化的发展过程中，必须向社会化方向改进和发展，以适应信息化社会和现代经济的发展及社会化程度不断提高的教育对象。思想政治教育进网络在高校已有成功的实践，它在对其他行业的思想政治教育进网络工作提供可资借鉴经验的同时，也会吸引社会各界关心、参与思想政治教育，使思想政治教育与社会紧密结合。思想政治教育网络资源管理平台的建立，使思想政治教育由封闭式的学校教育转向社会、家庭、学校三位一体的开放式教育，将思想政治教育的影响力充分地发挥出来，并将思想政治教育的社会化进程有效推进，使思想政治教育面向社会求发展，逐渐渗透到社会生活的各个领域中去。

（七）发挥思想政治教育网站的整体效应

虽然中国高校已建立为数不少的思想政治教育网站，但这些网站分散在各地，在互联网这块重要的阵地上，没有互相呼应，并且整体效应和高校思想政治网络资源在网络阵地上的影响力也并没有充分地发挥出来。高校思想政治教育网站经过数年的发展，已经颇具规模，以高校思想政治教育网站为支撑，全国思想政治教育网站的门户网站进行建设的条件已经成熟。

（八）实现各思想政治教育网络资源共享

将各思想政治教育网络资源不可以共享的现状打破，创办中国思想政治教育网络资源管理平台，对各个思想政治教育网站的合作与联系要加强，使共同发展、资源共享、优势互补的目标得以实现，形成全国思想政治教育网络系统，是促进全国思想政治教育进网络工作、保持思想政治教育网站可持续发展的必然选择和有力举措。

总而言之，在网络思想政治教育主题网站的建设过程中，一定要努力争取网络资源共享，使教育信息容量扩大。要提高思想政治教育网络的教育功能，网站建设是基础，是核心，是网络思想政治教育开展的关键环节，是重中之重。因此，可以通过与其他教育网络、行业性网络等建立大量的友情链接，扩大思想政治教育网络中的现有信息。在这一信息摄取的过程中，“多方连接、友情互助、互利互用”是必须要坚持的方法与原则。在具体的建设实践中，我们可以采取“网址互联”“信息共享”“资源共建”等方式，将寓有思想教育功能的信息大量借鉴与吸收，令思想政治教育网络在更宽广的层面上的信息资源支持环境逐渐形成。

第九章　基于视频点播网络系统的高校思政教育研究

视频点播是20世纪90年代在国外发展起来的，英文称为“Video on Demand”，所以也称为“VOD”。顾名思义，就是根据观众的要求播放节目的视频点播系统，把用户所点击或选择的视频内容，传输给所请求的用户。视频点播业务是近年来新兴的传媒方式，是计算机技术、网络通信技术、多媒体技术、电视技术和数字压缩技术等多领域融合的产物。高校思政网络系统的内容传播和功能实现与视频点播技术的结合，能够最大限度地促进思政网络系统的推广和使用，并在将来的思想政治教育工作中发挥重要的作用。

第一节　基于视频点播高校思政教育网络系统研究综述

一、视频点播的兴起

视频点播是从美国兴起的，南贝尔 (BellSouth) 公司在20世纪80年代就开始相关的探索，建立专门的实验室进行视频点播的开发。1993年在官方的支持下，实验取得了突破性的进展，通过电话线将MPEG-1的数字压缩视频节目传送给用户。同年，曼哈顿地区的居民接受到点播电视信号，视频点播从概念和实验转变为真实的产品。

当今，视频点播系统逐渐普及，大部分国家都开通了相关服务。我国点播视频的发展紧跟世界潮流，20世纪90年代末期就开始相关技术的研究，目前硬件基础建设逐步完备，技术逐渐成熟，进入稳定应用阶段。在计算机和网络技术的推动下，尤其是数字压缩技术和流媒体技术的发展，对视频点播的发展和普及起到了重要的作用。就当前视频点播应用的领域来看，涉及电信、教育、金融、娱乐等领域，从长远来看视频点播必将在更多的领域得到发展。

VOD系统的发展从技术上可以分为四个阶段：

1. 第一代VOD系统

第一代VOD系统早期主要采用的网络传输协议为UDP协议，应用范围主要是局域网，因为协议本身的一些因素，所以并发用户少，响应速度比较慢，而且还要对服务器进行特别设置。在 VOD 系统发展的初级阶段，国外的 VOD 产品采用此种传输模式较多，随着流媒体技术日新月异的发展，UDP 传输模式已经不能适应发展的需求，逐渐退出了历史舞台。

2. 第二代 VOD 系统

第二代 VOD 系统采用的网络传输协议为 TCP 协议，此协议占用资源较大，但是能够保证视频高质量传输，适合局域网，也可在城域网、广域网中应用。但应用此传输协议的产品往往点播时响应速度很慢，需要昂贵的专业视频服务器，并且对路由器、网关、防火墙进行相应特殊设置，才可进行远程 VOD 点播。使用此协议的 VOD 产品支持并发用户较少，目前仍有极少数的 VOD 产品使用以 TCP 协议为基础的核心技术。

3. 第三代 VOD 系统

第三代 VOD 系统采用的网络传输协议为 RTP，RTP 只有与 RTCP 配合使用才能提高传输效率，且支持格式较少。目前大多数的国内和国外的 VOD 产品使用此种技术，但必须对路由器、网关进行特殊设置后，才能在国际互联网上实现远程 VOD 点播，需要专用的视频服务器，价格昂贵，需预读一段才能播放，点播响应速度较慢。由于流媒体传输的核心技术在 VOD 系统中广泛的应用，第三代 VOD 系统能够提供比较高质量的视频，支持并发用户比较多；但在远程 VOD 点播上，要解决如网关、路由器等的设置问题。

4. 第四代 VOD 系统

第四代 VOD 系统采用的网络传输协议为 HTTP，国际标准协议，应用范围广，不但可以在局域网上使用，也能很好地应用在城域网、广域网，基于该协议特点，视频流在传输过程中不需要对路由器、网关进行设置，点播响应速度较快。只要网页能访问到，就可以点播节目。第四代 VOD 系统在视频传输质量、用户并发流、播放响应速度上均有较大的提高，能够轻松地在城域网、广域网上实现点播。

二、视频点播技术与高校思政网站整合的优势

（一）提供丰富的资源

思政网站可以提供视频信息，比如校园新闻、时事动态、爱国影片以及视频教学资料等。通过多媒体实施爱国主义教育，能够增强教育活动的形象性和趣味性，提高学生的兴趣。与此同时，学生在思政学习终端能够根据自己的喜好，随时随地选择喜欢的资源观看，突破传统思想政治爱国情感的教育，极大地拓展了思政教学的空间。

（二）激发学习兴趣

在网络平台上进行学习，学生基于自己的意愿和喜好进行相关内容的筛选，这对于激发他们的积极性有很大的帮助。视频学习本身就具有趣味性强的特点，在激发学习兴趣上具有天然的优势，在听觉、视觉的刺激下，学生的注意力能够充分集中，增强学习的效果。此外，视频资料内容丰富、形式活泼，能够将枯燥的内容形象化，并且学生在观看视频后

可以发表自己的感想，将自己的思考与其他人进行交流，为活动的有效开展提供了保障。

（三）提高学习效率

学生在利用互联网进行学习的过程中，会碰到各种问题，比如在进行某段视频的观看时，每个学生都会有自己的感悟和收获，这些感悟和收获可以在思政论坛或者评论中进行交流，通过思想之间的碰撞产生化学反应。从教师角度来说，可以通过学生的评论和交流了解学生真实的想法，对消极思想予以及时引导，将思想政治教育的效果最大化。

（四）促进学生个性的发展

将视频点播技术与高校思想政治教育网站结合到一起，并根据思想政治教学实践将其应用到教学中，将教学活动的中心移到学生身上，教师也将由教育者转变为引导者。在这种转换中，学生充分发挥自己在思想政治教育中的主体作用，教师也将自己从重复、机械的教学活动当中解放出来，双方在交流和沟通中成长。学生自主作用的发挥，将会极大的传统教育模式的弊端，学生的个性将得到极大的彰显和尊重，有助于他们人格的完善。

（五）具有投资的廉价性

以前，高校开展思想政治视频教学需要花费大量的人力和财力，比如视频教学资源的引进，学校需要花费不菲的资金，教师需要花费很大的精力去熟悉教学视频的内容。运用视频点播技术，只需要教师安装多媒体教学设备，就可以方便地实现多媒体资源教学，让每一堂课都插入多媒体教学要素。多媒体教室一次性投资，具有长远的发展价值，学校可以以此为基础进行教学改革，建立教学现代化的多元化体系。

三、基于视频点播高校思政教育网络系统的理论与技术基础

（一）基于视频点播高校思政教育网络系统的理论基础

1. 人本主义学习理论

系统设计的指导思想是人本主义理论，人本理论从人的全面发展的角度出发，对系统和功能模块设计进行指导，力求能够对学生的全面发展和人生历程产生积极的影响。人本主义理论强调个性的发展和潜能的激发，通过自我肯定和激励，实现自我发展，展现自己的人生价值。视频点播高校思政教育网络系统设计的初衷不仅是促进教学的现代化，还要对学生的发展产生积极的影响，人本主义理论能够满足这些需求，成为思政教育视频点播网络系统建设必须遵循的基础性指导理论。

2. 建构主义学习理论

建构主义认为，知识并不都是通过教师教授获得的，在特定的环境下基于自己的认识和他人的启发产生的认识也是知识的一部分，这部分知识内化成为个人的重要的知识储备。视频点播网络系统能够为学生创设一个学习知识的环境，教师需要做的就是对学生进行启发和引导，使他们能够从视频资源中自我学习、自我感悟。构建主义对学生和教师的角色

进行了重新的定位，学生摆脱了被动信息接受者的角色，成为知识学习的主导者，教师则实现了由教育者向辅助者、引导者的转变。

3. 远程教育理论

远程教育是指教学者与学习者远距离进行知识传授的一种教育模式。远程教育的核心要素是教学资源，学生通过教学资源进行学习，完成远程教育的整个过程。教学资源是指学生学习使用的材料，可以是教材，可以是声音，也可以是视频学习文件，总之一切可以用来承载知识的载体都可以称为教学资源。在教学过程中，学生利用教师组织的学习资源进行知识的学习，这种学习具有自主性，如果学生能够克服学习过程中的困难，知识传播和学习的效果比传统教育要好。远程学习随着互联网技术的发展得到很好的推广，虽然目前远程教育的质量和规模与传统教育无法相比，但也得到了相当一部分人的认可。

在视频点播系统环境下，教师和学生是分离的，学生通过教师录制或者剪辑的视频学习知识，并与其他人进行认识和思想上的交流，保证教学成果。视频点播系统的知识传播强调实践性，学生的自制力和自主学习能力是知识传授能否成功的关键。视频点播网络系统的教育模式属于现代教育的范畴，代表着未来教育的发展方向，高校应该予以大力推广。

（二）基于视频点播高校思政教育网络系统的技术基础

1. 流媒体技术

视频点播高校思政网络系统的技术核心是流媒体技术。在传统互联网媒体技术中，如果用户想观看或者收听互联网上的多媒体内容，必须下载到本地客户端才能使用，并且在文件未下载完成时，资源不能使用。这种技术的弊端很明显，由于不能事先观看视频内容，是否是自己需要的资源并不能确定，需要耗费大量的时间筛选资源，浪费时间和精力。流媒体技术的产生，完美地解决了传统技术的弊端。

流媒体是用数据流将多媒体文件进行实时发布和播放的，具体来说就是将视频和音频资源进行压缩处理，存放在系统服务器上，并标注相关的内容和传输信息，在使用时以数据流的方式发送给客户，用户可以边看边下载，准确寻找自己需要的内容，最大限度地节约时间和本地计算机资源。

2. 压缩技术

流媒体技术的关键是多媒体数据的压缩，对传统的大容量视频资源压缩成小容量的视频数据流需要压缩技术的保障。正是压缩技术的发展成熟促成了流媒体技术的产生，并且极大地缓解了数据存储压力，解放了计算机的空间。

对视频和音频等多媒体数据进行压缩编码的国际标准很多，其中音频编码的有G 711,G 721, 6.731 等标准主要用于可视电话等在线实时通讯，AC-3 标准具有通过 5.1 声道技术，广泛应用到 DVD 等有高质量音频要求的领域中，AC-3 标准能够营造出非常优秀的声音效果。

视频数据的压缩编码标准同样纷繁复杂，其中 H. 261，H. 263, H. 263+ 和 H.263+ 主要面向窄带视频应用，比如可视电话和视频会议中。如果网络带宽提高，这些压缩编码也可适用于视频点播。目前，使用较广泛的视频压缩标准是 MPEG (Moving Pictures Experts Group)，直译英文意思是“动态图像专家组”，MPEG 是一种在压缩比很大的状态下，保证高画面质量的压缩方法。包括 MPEG-1, MPEG-2, MPEG-3, MPEG-4 和 MPEG-7 等。

第二节　基于视频点播高校思政教育网络系统的设计与实现

一、系统的功能模块设计

目前系统至少要实现以下功能：

（一）视频管理

建立操作简便的管理系统能够保证网站持久地运行，非专业人员作为后台管理员能够完成系统内容更新、发布、删除、修改等操作，是网站成熟的基本标准。在管理系统的支持下，网站能够很好地完成视频的分类、索引等功能。

（二）授课

按照教学计划将授课的内容制作成为视频文件，并利用流媒体技术将其发布到网站上。学生在学习时可以按照自己的学习计划寻找相应的教学资源，教师需要对学生的学习提供帮助和指导，比如向学生推荐教学资源，帮助学生制订学习计划等。

（三）答疑与交流

师生、学生之间可以通过聊天室、BBS 论坛针对某一话题进行讨论和交流。对那些普遍存在的问题，教师可以在交流互动区统一解答。对于个别学生存在的个别问题可以通过电子邮件的形式进行个别交流。

（四）学习过程的记录

建立学生学习档案模块，记录学生的基本信息、视频点播记录、发表的话题帖子以及提交的反思性报告，通过对学生学习过程的记录，便于对学生进行综合评价。

（五）热点排行及检索

通过热点排行不仅可以让学生了解当前热点，也可以让教师明确学生的关注点，热点内容可以促进学生间的相互交流，提升学习的效率。检索的引入目的是提高学生学习的效率，检索的基本原则主要有两个，第一是筛选尽可能少的视频资源，第二是筛选最符合关键词的内容。

根据对系统功能的分析，笔者设计了基于视频点播的高校思政网络系统的功能模块，由视频点播模块、管理模块、交互模块、记录模块组成，如图 9-1 所示。在图 9-1 视频点播模块实现视频点播的实现、视频内容引导、视频索引等功能；管理模块实现视频资源的上传、修改、删除，栏目的添加、修改、删除功能，论坛的管理；交互模块实现在线互动、学习论坛等功能；记录模块通过个人学习档案袋的形式，实现学生基本信息的展示，学习过程记录、发表的话题和帖子、上传的心得体会等功能。

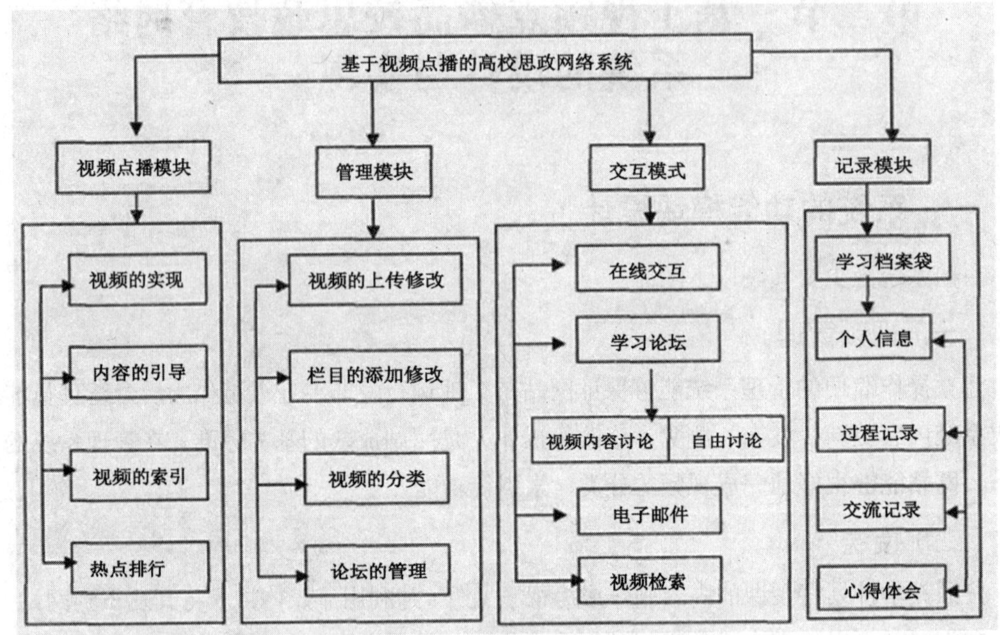

图 9–1 高校思政网络系统功能模块

二、系统开发软件与运行平台

（一）服务器端

硬件平台：处理器 Intel (R) Core (TM) 2 CPU T5500 @l. 66GHz。

主板：Hewlett-Packard 30B1(Intel i954GM)。

内存双通道：512MB。

显卡：Mobile Intel (R) 945GM Express Chipset Family(128M)。

操作系统：Windows XP。

IIS 服务器：IIS 5. 1。

后台数据库：Microsoft office 2003 access。

编程工具：Microsoft VisualStudio.NET 2008, c#。

其他工具：photoshop, flash8.0, mencoder, ffmpeg。

（二）客户端

操作系统：WindowS2000/XP 或以上。

软件：360 浏览器，FLVplay 播放器。

系统应用的视频格式：FLV。

视频网站以其直观、便于理解的方式使得人们更好地了解所要表达的信息。视频作为信息的表现形式要求，有着数据庞大、传输慢的特点，为使得视频数据在网络中能够高效、快速传输，系统采用 FLV 视频格式来实现视频点播。

FLV 的全称是 Flash Video，是随着 Flash MX 的推出而发展而来的。其文件体积小、加载速度快、图像质量高，使其成为各大在线视频网站的首选视频格式，FLV 已经成为当前视频文件的主流格式。

FLV 具有流媒体的全部特性，同时 FLV 又不受播放器的约束。我们都知道，不同格式的视频需要用相应的视频播放器(解码器)，这样对于本地计算机没有安装其播放器的用户，就不能收看这些视频。而 FLV 格式的视频播放，只需要在浏览器中安装几乎每台机器都有的 Flash 播放器就实现观看视频，解决了其他视频文件挑选播放器的问题。

在服务器带宽很小时，播放高数据传输率的流媒体文件时，受带宽的限制，传输速度变慢、不流畅，出现“卡”的现象。而 FLV 文件压缩比高，1 分钟的视频的体积 1M 左右，而且能够保证清晰的画面，从而保证了其在网络中的传输速度，一般与播放 FLASH 广告差不多，基本的服务器都能够满足要求。

FLV 视频格式的低数据传输率、高画面质量和兼容播放器的优势，是本系统选择其作为主视频格式的原因，系统选择调用外部转换软件对视频进行格式的转化，从而使上传的视频文件一律转换成 FLV 格式，再利用 Flash 播放器进行视频的播放。

三、系统的结构设计

系统结构主要包含前台和后台两个方面，前台主要是各种信息的呈现，而在后台主要包括信息发布、管理。

首先，我们将系统安装到服务器上，通过后台将视频资源也上传到服务器，并通过后台管理各种信息。

其次，在网络中，通过在浏览器中输入网址，通过系统的前台显示，大家可以很方便地看到所上传的视频内容。

最后，有了视频网站的前台和后台，还需要在服务器上对网站进行设置。只有获得一个域名和空间并配置好，才能通过网址看到视频网站的前台显示。

网站由前台和后台组成。前台采用 div+css 布局，通过调用 .net 平台下各组件构成。后台通过利用 C# 语言进行对数据库的操作，同时建立与前台的联系使得数据在前台进行显示，数据库利用 ACCESS 数据库进行设计，系统的总体结构如图 9-2 所示。

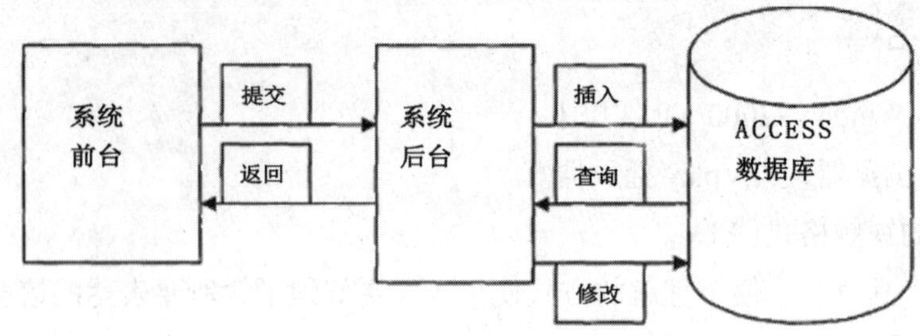

图 9-2 系统总结构图

在系统中，用户的行为都是面向 Web 服务器的，系统的管理则是通过对 ACCESSS 数据库的高效访问来实现。具体过程如下：用户通过浏览器直接输入网址打开系统，获得想要获得的信息，同时在进行提交的页面中通过代码实现对数据的提交。而对于后台则是管理员对数据进行添加、删除和修改等。在添加的过程中，利用组件对信息、视频、用户等一系列内容进行添加。在修改的过程中，先获得数据库中的数据然后对该数据进行修改，最后再存储到数据库中。

Wusi / 系统的数据库结构设计：本系统选用 Microsoft Access 数据库，使用了多个数据表保存数据。其中，Vod 表用来存储视频的视频 ID、视频标题、视频地址、视频所属类别、视频内容、视频截图地址、添加人、添加时间、点击次数等信息。

第三节　基于视频点播高校思政教育网络系统的应用分析

一、系统应用影响要素

（一）教育者因素

在网络思政教育当中，虽然教师不再是知识传播的主体，但这并不影响其在网络思政教育当中的作用。教师队伍的专业性、成熟性以及综合素质都是网络教学资源质量的保证，也是能否激发学生学习兴趣，帮助他们获取知识的重要因素。思想政治教育者要认清自己在教学模式中的作用和所处的地位，有针对性地弥补自身的不足。

1. 思政教育者对网络技术的掌握和适应

开展网络思政教学要求教师要适应互联网时代变化，在网络环境下重新评估教学内容、学生需求与自身的能力，保证自己能够在思政网络教育中发挥出自己应有的作用。

对于网络技术的掌握和适应，思政教育者不仅要能够熟练地操作计算机，了解计算机网络中一些基本的概念（如 ip 地址、tcp/ip 协议、上传、下载、C/S 模式、链接等），要经常关注学生比较青睐的问题，还要熟悉基于视频点播的思政网络系统的布局、熟悉本系统的服务器组成、数据库、系统运行环境、流媒体格式、客户端软件要求等，还要熟练地操作视频的下载、压缩编码、格式转换、文件上传、网站后台的操作等，便于日常对系统的管理，同时能够应对偶尔出现的问题。另外，版面的汇总、置顶、标识、管理等操作都是一个即将使用本系统开展思想政治教育的工作者需要掌握的基本功。

2. 思想政治教育者对网络语言的运用

网络语言生动活泼，在网络成为人们生活的一部分之后，网络语言成为一种独特的文化符号，其有自身的规律。网络语言在互联网时代作为一种活泼的表达形式，能够极大地提升文字使用者与读者之间的互动性，思政教育中使用的网络语言目的即是如此。

现阶段，高校思想政治教育网站吸引力的提升，除了系统本身的因素外，还必须要有丰富的内容，在学习资源之外，论坛的语言交流是学生思想交流和碰撞的场所，网络语言的使用能够提高表达的效率，并且让管理员或者教师深入了解学生的想法。只有真正了解学生的想法，才能更好地组织教学资源，教师才能有针对性地对学生进行思想引导，保证思想政治教育的效果。

（二）进入系统的学生

高校思政教育工作的对象是在校学习的学生，他们在网络思想政治教育工作中发挥着不可替代的作用。大学生在系统中表现出来的主动性和对网络教学的认可，关系着网络教学平台效果的发挥。

1. 学生自主学习能力

系统能够为学生提供一个自由的学习环境，学习主要依靠学生自己完成。影响自主学习的因素有两个，一是学生的自控能力，二是学生的学习能力。学生的自控能力是自主学习的基础，没人监督、没人催促，很多学生会不知所措，在惰性心理的影响下，会逐渐失去学习的兴趣；学生的学习能力是学生自主理解知识、体悟知识的能力，如果学生自主学习能力不足，那么网络思政教育平台的效果也可能十分有限。

2. 学生对本系统的兴趣

兴趣是人们对事物吸引力的回应，这是一种强烈的意识倾向，在人们认知和接触的事物当中，兴趣左右着人们的行为选择。兴趣能够引发积极的行为效果，人们在自己感兴趣的事物上，往往愿意花费时间、精力，并且不会感到疲惫。

兴趣在学生的学习、生活中的作用是巨大的，我们可以从以下两个方面理解：

（1）兴趣使学生们对校园生活保持积极的心态，在兴趣的影响下学生满怀热情参与到教学与校园活动当中，充实自己的大学生活。

（2）兴趣能够激发学生的创造性思维。夸美纽斯曾说：“兴趣是创造一个欢乐和光明的教学环境的主要途径之一。”积极努力创设积极的学习环境，设置形式多样、主体明确的学习活动，将学生的兴趣和注意力吸引到学习知识之上，充分刺激学生学习的主动性。

（3）兴趣是学习的动力。孔子说过：“知之者不如好之者，好之者不如乐知者。”兴趣是一种内在的驱动力，是保持学习热情的最根本因素，在兴趣的引导下学生的求知欲、探索欲与参与精神十足，完成学习目标仅仅是他们学习知识的副产品。

系统给学生创造了一个宽松、民主的心理环境和学习环境，学生们热情高涨、思维活跃，自然积极参与活动，自然产生兴趣。同时，系统能够满足一些学生的精神追求和在思想上想提高的需求，这种需求随着学生在系统中的实践进一步加深，会形成促进学生学习的兴趣。大学生在平时表现出来的兴趣，我们高校思政教育者如果加以正确的引导，将会极大地促进学习效率的提高，并在培养学生的创造性思维和陶冶学生的情操方面产生积极的推动作用。

（三）系统的视频内容

视频是高校思政网络教学平台的主要教学资源，利用这些资源进行思想政治教学活动，影响学生的思维和行动。

1. 高质量的视频内容

思想政治网络系统上的视频内容必须要紧跟时代步伐，并且涵盖教学大纲要求的教学内容，与视频娱乐网站相比内容整齐。高校网络思政教学平台的视频资源的有效性必须得到保证，这是网络教学功能能够得到发挥的基础保障。系统内的教学资源主要分为两种，一种是教师专门录制的教学视频，另一种是学生或者老师自己搜集上传的教学材料。一线教师学生对于学习内容最了解，对于学习过程中容易出现的难点和问题最清楚，所以评价视频学习资源的好坏，他们最有发言权。通过他们制作、收集的视频资源应该是最具针对性的，也是最实用的。对系统的视频资源还要进行及时更新，保证系统的视频资源时刻保持新鲜、与时代同步；经常对视频进行评估，对重复的、主体不明确的资源要及时调整；同时要抓住发展的前沿，及时补充精品、优秀的教学资源。

2. 系统上视频内容的引导

本系统作为高校思政网站的一种类型，是网络思政教育不可分割的一部分。在网络思政教育中，由于网络的匿名性、平等性，使得教育者的主体地位受到冲击，这就要求我们根据网络思政教育的规律和特性来调整我们的工作方式和方法。比如在优酷网站上，一条受大家关注的视频的点击率在很短的时间内可以达到上万次。通常网站上点击率高的帖子，要么是大家出于好奇心理，要么是和大家的利益息息相关。而且在这样的帖子下面大家更愿意分享自己的看法。可见，思想政治教育者针对具体的状况，上传具有针对性和吸引力的视频，并积极地参与交流、讨论，融入其中的话，对学生加以引导是完全可能的。

二、系统应用的实施

在基于视频点播的高校思政网络系统构建完成，并分析了影响系统应用的三个因素之后，下面就系统主要功能的具体实施予以说明。

（一）基于视频点播的高校思政教育网络系统资源建设

系统上存储的视频内容构成了高校思政教育者利用本系统开展思政教育的主体内容。系统提供了大量优秀的包括励志、先进、历史、理论等类型视频材料，也有学生自己制作的反映时代先锋、典型事例和美好生活的视频录像或片段。根据学习的进程安排，点播需要的优秀视频材料，陶冶自己的情操，指导自己的行为，在交流讨论区，与同学一起讨论心灵的感悟，共同体会成长的快乐。

学生进入系统，依据设置要求输入用户名和注册密码登录后，可以通过各栏目的分类、热点排行、检索等功能寻找需要的视频学习内容。教师和系统设计开发人员按照学习的基本规律设计了相应的学习策略，学生进入系统后，在学习过程中，在相应学习策略的指导下，提高学习效率，实现学习目标。在系统中视频教学资源的来源主要依靠教师提供和学生在学习过程中自己收集、整理。学生提供的资源是学生在小组成员协作学习过程中，通过大家的共同协作与应用，完成对知识的再理解与创新而生成的、并愿意与大家分享的资源。系统中所有的视频资源，通过管理员和注册用户上传建立，同时管理员兼具着审查和修改的任务，其他人只可以浏览评价。

（二）基于视频点播的高校思政教育网络系统用户管理策略

系统的用户策略采用分级管理的理念，依次设立系统管理员、网站栏目管理员、用户(教师、学生)等。系统管理员是整个系统的最高指挥官，全面管理系统的运行过程，享有最高的权限，具有创建新栏目、修改系统网站变量参数、设置网站栏目管理员、添加或注销用户(教师、学生)、评价审核视频资源、论坛内容等权限；网站栏目管理员的职责是负责整个栏目的规划、视频教学内容的筛选管理、论坛交流内容的审核；用户可以在视频浏览区点播视频，在注册后，可以在聊天室和论坛上发表言论，同时具有上传视频资源的权利。

用户在注册时，按照系统提供的注册流程顺序填写姓名、性别、学号等基本信息，填写完成提交后系统会给出验证信息，验证与学生数据库结合起来，即注册用户信息与学生管理数据库内信息相吻合，表示验证注册成功。需要说明的是：在用户注册信息填写的选项中，有部分信息是可以选填、不填的，还可以选择信息不公开，这样的设置减少了注册时间，同时保证了用户信息的隐私性，为用户使用提供便利。

（三）基于视频点播的高校思政教育网络系统网络协作学习策略

网络协作学习是以学生通过协作为主体的活动，主体性发挥的状况如何直接影响合作学习的有效性。网络协作学习是一种有准备的学习，要求学习者在学习前要查阅相关的资料才能进行，只有经过学生深入的思考，网络协作学习才能有实效。建构主义认为，知识的形成是学习者主动建构的过程。其基本的含义是知识只有经过学生的理解和吸收，发挥学生自身学习的能动性，才能真正为学生所掌握。

自主学习是在充分发挥学生自身的积极、主动性的情况下，通过教师辅导指引，学生能够主动、独立地去分析问题，在实践中积极探索、应用、获取知识，最终实现学习目标。自学过程能够使学生探索出适合自己的学习策略，同时获得更大的成就、满足感，激发更高的学习兴趣，自主学习是开展网络协作学习的基础。基于视频点播的高校思政网络系统建构了一个协作学习的环境，让学习者自我调节学习、主动学习，并将个体主动学习拓展到小组和团队中。同时，通过网络协作激发学生思考，帮助学生参与到集体知识建构中去。

（四）基于视频点播的高校思政教育网络系统的评价策略

评价的方式灵活多样，主要有诊断性评价、形成性评价、总结性评价等，这些评价系统既可单独使用，也可联合起来进行评价。网络教学离不开科学的评价，通过网络教学实现高质量的教学目标离不开科学的评价体系。对学生学习成效的评价，是判断其学习过程和取得效果优劣的途径和方法。系统中我们遵循评价方式多样的原则，主要应用学生档案工具进行评价的形式。

学生档案记录了学生的学习计划、学习日志，学习累计时间、次数、点播记录，发表的话题和帖子，撰写的反思性报告等学习过程，还包括个人的基本信息、联系方式、邮件地址、博客等，借助学生档案系统学生可以及时了解自己在系统中的学习过程。利用学生档案袋，教师能够轻松地掌握学生的学习活动并及时地加以辅导和引导。教师可以通过学习日志记录、思想汇报、交互内容以及参与交互的频率等多种方法对学生的学习过程进行多元性评价。

对于学生提出的问题和发布的观点，通过交流互动区、聊天室或论坛的留言，教师要有针对性地及时给出评语和反馈，做出形成性评价，从而帮助老师认识学生，学生进一步认识自己。同时，学生、师生之间在系统中相互评价、互相鼓励，激发了学生的学习动力，促进了学习效率的提高，增进了相互了解和感情。

通常学生将自己新颖的观点和作品来作为学习成果，学生很重视对学习成果的评估，将其视为学习是否有效的标准，正确的评价有利于提高学习效率。比如，通过一段时间的学习，学生得到了比较满意的评估，会激发学生更大的学习激情；反过来，差的评估一方面可能会促使学生从中找出学习误区和差距，从而实现迎头赶上。评价的标准可以由教师确定，也可以由教师和学生共同确定，并把评价的标准用来判断和评测学生的学习效果，标准是事先制定出来的，在学习过程中不能更改。例如：教师安排在一段时间内，学生需要在系统中观看一定数量的视频。学生的得分按照评价标准，在查看学生档案中的访问日志、留言、思想汇报等记录后给出。另外，在学习过程中还应该积极鼓励学生之间进行互评。

通过多种评价方式结合，能够全面了解小组和小组成员的学习情况，做到科学、客观、全面的评价。

参考文献

[1] 唐亚阳 . 网络思想政治教育学 [M]. 北京：人民出版社，2016.

[2] 崔家生 . 网络思想政治教育研究 [M]. 济南：山东画报出版社，2016.

[3] 张再兴 . 网络思想政治教育研究 [M]. 北京：经济科学出版社，2009.

[4] 张瑜 . 高校网络思想政治教育发展与创新研究 [M]. 北京：人民出版社，2014.

[5] 翟中杰 . 网络思想政治教育过程导论 [M]. 北京：人民日报出版社，2017.

[6] 李才俊，唐文武 . 网络视角下的思想政治教育方法新探 [M]. 成都：西南交通大学出版社，2014.

[7] 谭仁杰 . 网络时代的高校思想政治教育——地方院校德育研究 [M]. 武汉：武汉大学出版社，2014.

[8] 王嘉 . 网络意见领袖研究：基于思想政治教育视域 [M]. 北京：中国文史出版社，2014.

[9] 张耀灿，等 . 思想政治教育学前沿 [M]. 北京：人民出版社，2006.

[10] 邱伟光，张耀灿 . 思想政治教育学原理 [M]. 北京：高等教育出版社，1999.

[11] 郑永廷，张彦 . 德育发展研究——面向 21 世纪中国高校德育探索 [M]. 北京：人民出版社，2006.

[12] 石书臣 . 现代思想政治教育主导性研究 [M]. 上海：学林出版社，2004.

[13] 王仕民 . 德育功能论 [M]. 广州：中山大学出版社，2005.

[14] 袁桂林 . 当代西方道德教育理论 [M]. 福州：福建教育出版社，2005.

[15] 苏振芳 . 思想政治教育学 [M]. 北京：社会科学文献出版社，2006.

[16] 韦吉锋 . 网络思想政治教育研究 [M]. 北京：新华出版社，2005.

[17] 谢海光 . 互联网与思想政治工作概论 [M]. 上海：复旦大学出版社，2000.

[18] 徐建军 . 大学生网络思想政治教育理论与方法 [M]. 北京：人民出版社，2010.

[19] 杨立英 . 网络思想政治教育论 [M]. 北京：人民出版社，2003.

[20] 郑永廷 . 思想政治教育方法论 [M]. 北京：高等教育出版社，1999.

[21] 刘新庚 . 现代思想政治教育方法论 [M]. 北京：人民出版社，2006.

[22] 项久雨 . 思想政治教育价值论 [M]. 北京：中国社会科学出版社，2003.

[23] 陈万柏 . 思想政治教育载体论 [M]. 武汉：湖北人民出版社，2003.

[24] 曾令辉 . 网络思想政治教育概论 [M]. 南宁：广西民族出版社，2002.

[25] 宋元林，等 . 网络文化与人的发展 [M]. 北京：人民出版社，2009.

[26] 宋元林，陈春萍，等 . 网络文化大学生思想政治教育 [M]. 长沙：湖南人民出版社，2006.

[27] 宋元林，等 . 网络时代大学生思想政治教育导论 [M]. 长沙：湖南人民出版社，2002.

[28] 郭玉锦，王欢 . 网络社会学 [M]. 北京：中国人民大学出版社，2005.

[29] 匡文波 . 网络传播理论与技术 [M]. 北京：中国人民大学出版社，2007.

[30] 匡文波 . 网络传播学概论 [M]. 北京：高等教育出版社，2004.

[31] 彭兰 . 网络传播概论 [M]. 北京：中国人民大学出版社，2001.

[32] 陈汝东 . 传播伦理学 [M]. 北京：北京大学出版社，2006.

[33] 程洁，张健 . 网络传播学 [M]. 苏州：苏州大学出版社，2007.

[34] 钟瑛 . 网络传播伦理 [M]. 北京：清华大学出版社，2005.

[35] 张久珍 . 网络信息传播的自律机制研究 [M]. 北京：北京图书馆出版社，2005.

[36] 秦颖 . 网络背景下高校思想政治教育方法创新 [J]. 河南师范大学学报 (哲学社会科学版).2009(02).

[37] 骆郁廷 . 新形势下高校网络思想政治教育长效机制的构建 [J]. 高校理论战线 . 2008 (10).

[38] 刘伦 . 加强高校网络思想政治教育的创新探索 [J]. 教育与职业 .2008(21).

[39] 贺海鹏 . 大学生德育与中国传统道德精神 [J]. 教育探索 .2008(06).

[40] 丁振国，杨玲玲 . 论高校网络思想政治教育的创新途径 [J]. 学校党建与思想教育 (上半月).2008(05).

[41] 辛自强，赵秀梅 . 青少年网络聊天特点探析 [J]. 首都师范大学学报 (社会科学版).2008(01).

[42] 李元，饶兰兰 . 信息网络环境下高校思想政治教育的对策 [J]. 教育与职业 . 2008 (02).

[43] 孟庆涛，唐勇，刘业兴 . 网络沟通——大学生思想政治教育的“生力军” [J]. 科技信息 (科学教研).2007(31).

[44] 李建东，彭宗祥 . 高校网络思想政治教育队伍建设研究 [J]. 中国成人教育 . 2007 (17).

[45] 温勤 . 高校网络思想政治教育存在的问题及对策 [J]. 学校党建与思想教育 . 2007 (04).